W0188399

Märchen
tibetischer Nomadenfrauen

MÄRCHEN
TIBETISCHER
NOMADENFRAUEN

Gesammelt
und aus dem Tibetischen übersetzt
von Margret Causemann

EUGEN DIEDERICHS VERLAG

Mit 52 Zeichnungen von Wangdjal
Umschlagbild: Tanka aus Amdo (Museum für Völkerkunde,
Hannover)

Das Buch erschien ursprünglich unter dem Titel
»Füchse des Morgens – Märchen einer tibetischen
Nomadenfrau«.

Die Deutsche Bibliothek – CIP-Einheitsaufnahme
Märchen tibetanischer Nomadenfrauen / ges. und aus dem Tibet.
übers. von Margret Causemann. [Mit Zeichn. von Wangdjal]. –
2. Aufl. – Köln : Diederichs, 1994
1. Aufl. u.d.T.: Füchse des Morgens
ISBN 3-424-01203-3
NE: Causemann, Margret [Hrsg.]

2. Auflage 1994
© Eugen Diederichs Verlag, München 1986
Alle Rechte vorbehalten

Umschlaggestaltung: Ute Dissmann, München
Produktion: Tillmann Roeder, München
Gesamtherstellung: Pustet, Regensburg
Printed in Germany

ISBN 3-424-01203-3

Inhalt

Erotische Märchen

VORWORT

Die Sammlung vorliegender Märchen entstand während einer 1983/84 durchgeführten, vom Deutschen Akademischen Austauschdienst finanzierten Forschungsarbeit mit dem Ziel, einen osttibetischen Dialekt zu studieren und mündliche Überlieferungen desselben Sprachgebietes aufzuschreiben, bevor sie ganz der Vergessenheit anheimfallen.

Da für die tibetischen Gebiete Chinas keine Forschungsgenehmigungen erteilt werden, versuchte ich mein Glück in einem angrenzenden Gebiet, nämlich in Nepal, genauer: in Kathmandu, wo viele Exiltibeter leben und heute auch viele China-Tibeter hinkommen, um Verwandte zu besuchen.

Diese Sammlung wäre nicht zustande gekommen ohne die Mitarbeit der Tibeter.

Dank darum an Tshamo, eine junge Nomadenfrau aus Nangchen, die die schönsten und meisten Geschichten zu erzählen wußte.

Dank auch an Tshering Tchödön, von dem Adelssitz Domra in Nangchen. Sie lebt seit 1959 außerhalb Tibets und spricht Englisch. Mit ihr konnte ich viele Verständnisfragen und so manche linguistische Detailfrage klären.

Dank an Tchimme, einen jungen Tibeter aus Tö (Westtibet), der einige Monate als mein Übersetzter arbeitete.

Dank an Wangdjal, einen Nyarongpa aus Kanze, der zu allen Geschichten Zeichnungen anfertigte, von denen einige in diesem Buch veröffentlicht werden.

Die Erzählerin

»Ich wuchs in der elterlichen Familie meiner Mutter auf. Weil ich das erste Kind in der Familie war, nannten mich alle ›Tshamo, Tshamo, Tshamo‹«, berichtet die Erzählerin. Tshamo heißt sowohl ›Nichte‹ als auch ›Enkelin‹. Diesen Rufnamen wurde sie nie mehr los – auch nicht in Nepal.

Bei unserer ersten Begegnung nannte sie mir ihren richtigen Namen: Djangden, was soviel heißt wie ›eine melodische Stimme habend‹. War es Zufall, oder war es die Hellsichtigkeit des Lamas, der ihr diesen Namen gab? Denn, ob sie sang oder erzählte, ihre Stimme war rein und klar, frei von irgendwelchen Hemmungen, frei von Verzagtheit, frei von Manierismen. Wie ein klarer Bergbach hüpfte sie in gelassener Fröhlichkeit von einer Landschaft ihrer Erzählung zur anderen.

Auch Tibeter priesen den Wohlklang ihrer Stimme. Tshamo selbst war nicht sehr überzeugt davon. In ihrer Erinnerung hatte ihre Mutter die schönste Stimme, die sie je gehört. »Ich wollte, du könntest meine Mutter singen hören«, sagte sie manchmal.

Tshamo kam aus Nangchen. Dort wurde sie geboren, dort wuchs sie auf.

Nangchen ist ein Gebiet im Norden von Kham (Osttibet); lokalisiert nach den heute gültigen politischen Grenzen, liegt es im Südwesten der chinesischen Provinz Qinghai. Es grenzt an folgende tibetischsprachige Regionen: im Nordosten an Amdo, im Osten an Golog, im Südosten an Derge und im Süden an Tchamdo. Im Westen und Nordwesten geht Nangchen in wüstenähnliche Gebiete über. Weite Teile des Landes werden nomadisch bewirtschaftet; nur in den südlichen Gegenden gibt es auch Ackerbau.

Vor dem massiven Eingreifen der Chinesen (1959) war Nangchen ein relativ unabhängiges Königreich, bestehend aus 25 ›Fürstentümern‹. Jeder ›Fürst‹ (Pömpo) war nahezu unumschränkter Herr seiner Untertanen.

Der König residierte in dem Ort Nangchen im Südwesten des Landes Nangchen.

Die Nangchenpas anerkannten den Dalai Lama als politisches und vor allem geistiges Oberhaupt, doch war der direkte politische Einfluß Lhasas gering.

Politische Rechte über das Königreich hatte auch der Amban, der Regierungsvertreter Chinas, der in Sinning residierte, sich aber, soweit bekannt, nicht in die inneren Angelegenheiten des Landes einmischte.

Die Geschichte Nangchens, die die wechselnden oder gleichzeitig bestehenden Abhängigkeiten von Lhasa und Peking behandelt, muß noch geschrieben werden.

Tshamo wurde zu einer Zeit geboren (1953), als die Chinesen bereits weite Gebiete Khams besetzt hielten. Einige Jahre später, nach dem Volksaufstand in Lhasa und der Flucht des Dalai Lama (1959), wurde landesweit mit ›demokratischen Reformen‹ begonnen: Religionsverbot, Enteignungen, Erfassung der Bauern und Nomaden in Kommunen, Umerziehung.

Tshamo erinnerte sich an kriegsähnliche Auseinandersetzungen, die viele Tote und Verletzte forderten. Schaudern und tiefer Schmerz erfaßten sie jedesmal, wenn die Bilder der Erinnerung in ihr aufstiegen. Damals war sie noch ein Kind.

Den größten Teil der Kindheit verbrachte Tshamo in der elterlichen Familie ihrer Mutter. Sie wuchs hinein in das Arbeitsfeld einer Nomadenfrau: sei es die Arbeit rund ums Zelt oder das Viehhüten auf den Bergweiden. Als erstes mußte morgens das Feuer entzündet und der Tee aufgesetzt werden, dann wurden die Tiere gemolken und die Milch verarbeitet. Dazu gehörten das Ansetzen von Yoghurt, das Buttern und im Sommer, wenn es viel Milch gab, das Herstellen von Tchura, von Trockenkäse. Zwischendurch wurden Fleisch und Tee für die Mahlzeiten gekocht, Wasser geholt, Dung für die Herdfeuerung gesammelt. Gegen Abend dann das Melken und das Versorgen der Tiere. Die Wintermonate verbrachte sie mit der Familie im Winterlager. Der Winter in Nangchen bringt beißende Kälte. Tshamo erinnerte sich, wie sie als junges Mädchen mit schlechtem Schuhwerk an einem Winterabend in eisigem Sturm einigen verirrten Tieren über Eis und Schnee nachstiefelte und sich dabei dicke Frostbeulen holte. Damals wußte sie nur eines: Ich muß die Tiere finden und in ihre Pirks bringen, sonst werden ich und die Familie angeklagt, nicht im Sinne der Gemeinschaft, der Kommune zu arbeiten.

Der Winter ist eine karge Zeit, die Tiere finden kaum etwas zu fressen und geben nur wenig Milch. Einen Wintervorrat an Heu für die Tiere anzulegen war bei den tibetischen Nomaden nicht üblich; erst die Chinesen führten es im Zuge ihrer Neuerungen ein, doch reicht der Vorrat oft nicht, um alle Tiere über den Winter zu bringen, so daß Notschlachtungen notwendig werden. Das Fleisch dieser Tiere ist zwar mager, aber gegen Ende des Winters, wenn die Trockenfleischvorräte zur Neige gehen, dennoch willkommen. Jeder sehnt dann den Frühling und Sommer herbei, die schwarzen Yakhaarzelte und das gesamte bewegliche Gut werden auf Yaks geladen, und man zieht zu den Sommerweiden. – Wenn Tshamo von der Winterzeit berichtete, schien sie immer etwas bedrückt. Wenn sie vom Sommer erzählte, hellte sich ihr Gesicht auf. Sie schaute wie in weite Fernen und beschrieb die leuchtenden Blumenteppiche der weiten Ebenen und Bergweiden. Amdzi, Lhamdzi, Pemandzi, ›Oh Sommerweide, göttliche Sommerweide, Lotus-Sommerweide‹, werden poetisch in Liedern die Sommerweiden besungen. Der Sommer ist die Zeit der Freude und der Fülle. Die Tiere haben mehr als genug zu fressen. Yakkühe und Dzo geben reichlich Milch – fette Milch. Die Tiere, die einen Sommer lang die gehaltvollen Gräser und Kräuter der Hochweiden fressen, liefern würziges, fettes Fleisch, wovon jeweils ein guter Teil luftgetrocknet und aufbewahrt wird.

Fleisch und Milchprodukte sind für die Nomaden die

Grundnahrungsmittel. Zusätzlich wird von den Bauern für Fleisch, Tchura und Wolle Gerste eingetauscht, die geröstet und gemahlen als Tsampa zum ›täglichen Brot‹ jedes Tibeters gehört.

Als Tshamo etwa zwanzig Jahre alt war, heiratete sie, genauer: wurde sie verheiratet. Sie zog in die Familie ihres Mannes. Nach wenigen Jahren ging die Ehe wieder auseinander. Tshamo gab sich die Schuld: »Ich konnte nicht haben, wenn er zu anderen Frauen ging, und habe ihm Szenen gemacht. Ich habe mich von ihm getrennt. Es wurde so geregelt, daß jeder seinen eigenen und die Hälfte des gemeinsamen Besitzes bekam.« Von da an lebte Tshamo mit ihren zwei kleinen Kindern, einem Jungen und einem Mädchen, wieder bei ihrem Onkel, dem Bruder ihrer Mutter.

Etwa ein Jahr, bevor ich Tshamo traf, hatte sie Nangchen verlassen, um auf Pilgerreise zu gehen. Sie besuchte unter anderem den Berg Kailash, ersehntes Pilgerziel der Buddhisten und Hinduisten; sie umwandelte ihn mehrmals, was nach buddhistischem Glauben vor niedrigen Wiedergeburten bewahrt, und sie verbrachte zweimal mehrere Wochen in Lhasa. Dort traf sie Landsleute, die seit ihrer Flucht in Indien und Nepal leben. Mit ihnen kam sie nach Kathmandu.

Die Anfangszeit in Kathmandu war schwierig für sie. Sie erfuhr zum ersten Mal die volle Bedeutung des Geldes. Reisende in Tibet, zumal Pilgerreisende, können auch heute noch ohne Geld reisen. Wohin sie auch kommen, Essen und Schlafplatz zu erhalten ist selbstverständlich. Nicht so in Indien und Nepal, hier geht fast nichts mehr ohne Geld. Tshamo hatte zwar Verwandte in Kathmandu, doch diese waren selbst zu arm und wohnten zu beengt, als daß sie sie über einen längeren Zeitraum hätten aufnehmen können. So wohnte sie mal hier, mal da, ohne konstante Bleibe. Außerdem wurde sie krank. Klimawechsel? Ungewohntes Essen? Psychische Belastung? Die Ursachen waren wahrscheinlich vielfältig. Als ich sie traf, war sie gerade genesen, aber noch sehr schwach.

Wir trafen uns in Kathmandu. Daß wir uns trafen, war unser Karma: »Du bist weither aus Amerika (Westler = American) gekommen. Du willst Nangchen lernen. Du willst unsere Geschichten, Lieder und Rätsel kennenlernen und in deinem Land darüber berichten. Ich bin weither aus Nangchen gekommen. Ich kenne Geschichten und Lieder. Hier in Nepal haben wir uns getroffen. Unser Karma hat uns zusammengeführt. Ich werde dir alles erzählen, was ich weiß.« Das tat sie dann auch – nach und nach.

Tshamo erzählte zunächst zwei Geschichten und sang einige Lieder; es schien, als sei damit ihr Repertoire nahezu erschöpft. Im Verlaufe von etwa drei Monaten tauchten jedoch immer mehr Geschichten aus ihrer Erinnerung auf – sehr zu ihrer eigenen Überraschung: »Die Geschichten, die ich erzählte, weiß ich alle aus meiner Kindheit. Als Kind wollte ich immerzu Geschichten hören. Ich bin zu allen älteren Leuten hin und habe so lange gebettelt, bis sie mir eine Geschichte erzählten. Ich habe sie den kleineren Kindern weitererzählt. Dann, als ich dreizehn Jahre alt war (1966, Beginn der Kulturrevolution in Tibet), verboten die Chinesen das Erzählen der eigenen Geschichten und das Singen der eigenen Lieder.«

Ich: »Habt ihr euch daran gehalten, habt ihr nicht in den Zelten oder auf den Weiden, wenn ihr unter euch wart, dennoch Geschichten erzählt?«

»Manche haben das vielleicht getan, aber ich nicht. 15 Jahre lang habe ich keine Geschichten erzählt – bis vor drei Jahren etwa (seit Juni 1980 liberaler Kurs für Tibet), seitdem ist es wieder erlaubt. Aber viel habe ich auch dann nicht erzählt. Die meisten Geschichten hatte ich schon vergessen, aber jetzt tauchen sie plötzlich wieder auf, und dann überlege und überlege ich, bis sie mir wieder ganz eingefallen sind.«

Wir sahen uns täglich ein bis zwei Stunden. Ein Teil der Zeit gehörte der Arbeit, ein Teil der Unterhaltung. Unser regelmäßiger Kontakt führte zu einem vertrauten Miteinander. Die intensive Beziehung und mein Interesse für ihre

Märchen förderten wahrscheinlich das Wiedererinnern. »Du bringst mir mein Gedächtnis zurück«, bemerkte sie manchmal.

Nicht alle Geschichten, die Tshamo erzählte, stammen aus frühen Erinnerungen; einige hörte sie im Jahr zuvor auf ihrer Pilgerreise. (Sie sind, außer *Die nicht gestorbene Prinzessin*, nicht in diesem Band aufgenommen.)

Tshamo sagte: »Ich brauche eine Geschichte nur einmal, höchstens zweimal zu hören und kann sie genauso wiedererzählen.« Ich glaubte ihr, denn ich sah, wie sie zuhörte. Auch den Prozeß des Speicherns meinte ich im Ausdruck ihres Körpers ablesen zu können. Wenn sie etwas interessierte, war sie ganz Ohr, konnte geradezu leidenschaftlich zuhören.

Tshamo hat zwar nie eine Schule besucht, aber ein klein wenig Lesen und Schreiben bei einem Lama gelernt. Dennoch hieß Lernen für sie zuallerst: Hören und das Gehörte im Gedächtnis bewahren. Sie besaß das unglaubliche Gedächtnis, das uns schulmäßig Gebildeten westlichen Stils unvorstellbar geworden ist. Tshamo war außerdem eine begabte Unterhalterin, Rednerin, Erzählerin. In Gesellschaft war sie stets der Mittelpunkt, außer wenn Höhergestellte zugegen waren, dann hielt sie sich zurück. Sie wußte immer etwas zu erzählen, und sie konnte interessant erzählen. Man hörte ihr gerne zu.

Sie sagte von sich selbst: »Wo ich auch bin, die Menschen versammeln sich um mich.« In Nangchen war sie Angelpunkt der Mädchen und jungen Frauen, die sich um sie scharten, um unter ihrer Anleitung zu singen, zu tanzen, zu spielen.

Vor einigen Jahren wurde sie vom Bezirkskomitee ausgezeichnet und durfte ein halbes Jahr nach Sinning, in die Provinzhauptstadt. Auch hatten die Chinesen ihre Stimme und ihre schauspielerischen Fähigkeiten entdeckt; sie wollten sie an das Nationaltheater nach Sinning holen. Doch ihre Eltern und Verwandten verboten es, weil das nichts mit Dharma, mit Religion, zu tun habe.

Zu Beginn unserer Zusammenkünfte sang Tshamo auch chinesische Lieder, doch damit konnte sie unter Exiltibetern keine Lorbeeren ernten, und auch ich zeigte nicht das nötige Interesse. Sie gab auf. Die einheimischen Lieder hingegen fanden großen Anklang. Vor allem die älteren Tibeter waren glücklich, die vertrauten Lieder aus dem Munde einer guten Sängerin zu hören, denn sie selbst singen nur noch selten und haben vieles schon vergessen. Den alten Geschichten hingegen stehen viele ambivalent gegenüber. Meines Wissens wurde Tshamo nur selten gebeten, ein Märchen zu erzählen. Als Tampe-Erzählerin wurde sie manchmal belächelt. Die Renaissance der eigenen Märchen ist für die meisten Tibeter noch nicht angebrochen.

Meine Arbeit in Kathmandu begann mit der Suche nach Erzählern und Sängern aus Kham. Ich fragte die Khampas, ob sie in ihrem Bekanntenkreis jemanden kennen, der Geschichten zu erzählen weiß. Aufschlußreich war, daß mir selten Exiltibeter, aber sehr häufig China-Tibeter genannt wurden. »Sie (oder er) ist neu aus Tibet«, sagten sie, »sie kennt sicher noch einige Geschichten.« Sie wußten es nicht, sie vermuteten es nur. In ihrer Vorstellung war jeder ihrer Landsleute aus Tibet ein potentieller Erzähler. Sie erlagen dem gleichen Vorurteil, das auch bei uns häufig anzutreffen ist, daß nämlich in einer Gesellschaft mit lebendiger Erzähltradition jeder erzählen kann. Das ist ein Trugschluß. Es gibt viele Zuhörer, aber nur wenige, die die Überlieferungen aktiv weitergeben. Dennoch fand ich den einen oder anderen, der oder die eine Geschichte zu erzählen wußte. Die überragende Erzählerin begegnete mir jedoch erst mit Tshamo. Zwar verstand ich zunächst kein Wort, doch ihre Erzählweise, der Klang ihrer Stimme und die vielen Lieder, von denen die Geschichten durchsetzt waren, machten mich neugierig. Ich beschloß, hier mit meiner Arbeit anzusetzen. Damit war auch entschieden, daß ich den Dialekt der Nangchenpa lernen, analysieren und beschreiben würde. Da in Nepal und Indien relativ viele Nangchenpas wohnen, konnte ich berechtigterweise hoffen, noch weitere Erzähler zu finden. Somit war auch die Erfüllung meines zweiten Forschungszieles, das Sammeln und Aufschreiben der mündlichen Überlieferungen, nicht aussichtslos. Ich begegnete später noch einigen Nangchenpas, die ein oder zwei Geschichten beitrugen, doch keiner von ihnen konnte so gut erzählen wie Tshamo. Ihre Märchen waren und blieben die schönsten der Sammlung.

Die Märchen

Die meisten Märchen dieses Bandes stammen, wie gesagt, von Tshamo, mit Ausnahme des Märchens *Grenzenlose Liebe*, das mir von Tshamos Tante Galala erzählt wurde. Und mit Ausnahme von zwei Aku-Tömpa-Geschichten, die Tshering Tchödön, meine Sprachinformantin, beitrug.

›Tampe‹ nennen die Nangchenpas ihre Erzählungen, ein Wort, das im Hochtibetischen und in anderen Dialekten, die ich kenne, den Sprichworten und Maximen vorbehalten ist. Etymologisch setzt sich das Wort zusammen aus *gtam* ›Rede, Nachricht‹ und *dpe* ›Beispiel‹; *Tampe* ist also mit dem deutschen Wort Erzählung gut wiedergegeben und entspricht in etwa auch der ursprünglichen Bedeutung von ›Maere‹, woraus das Wort Märchen entstand.

Differenzierende Bezeichnungen für die verschiedenen Arten von Erzählungen gibt es offenbar nicht. Mir selbst sind keine begegnet, und auch aus der Literatur sind mir keine bekannt.

Die von mir vorgenommene Einteilung in Lieder- und Erzählmärchen orientiert sich zum einen an Erzählstil und Form, zum anderen deckt sie sich mit inhaltlichen Merkmalen bezüglich der Themen, Bilder und Motive.

Die *Liedermärchen* sind von der Form her etwas Besonderes. Märchen mit Liedern sind zwar bekannt, vor allem auch aus dem tibetischen Raum; auffallend jedoch bei vorliegender Sammlung ist die Tatsache, daß die Märchen weitgehend von den Liedern und nicht von der Prosa bestimmt werden. In Prosa wird oft nur der Rahmen und die Überleitung zum folgenden Lied gegeben. Ansätze in der eigenen wie in anderen Sammlungen lassen die Vermutung zu, daß das gesungene Märchen weiter verbreitet gewesen sein muß, die Lieder selbst aber nach und nach in Prosa wiedergegeben wurden und dabei teilweise auch die stilisierte Form verlorenging. Dieser Übergang vom Lied zur Prosa wird z. B. deutlich in dem Märchen *Schwester Freude und der Weltkaufmann*, in dem die letzte Karawanenabteilung ihre Antwort in Prosa gibt, und zwar in dem gleichen Wortlaut, in der die beiden ersten Karawanengruppen ihre Antworten singen.

Die *Lieder* der Märchen sind durch die eingerückten Textteile markiert. Sie werden auf eine einfache Melodie gesungen. Die einzelnen Verse der Lieder werden eingerahmt von einem »Peme hung« oder von einer doppelten Anrede wie »Kaufmann, Kaufmann«, »Schwester, Schwester« usw. Diese beiden Einrahmungen bestimmen die Melodie des Liedes. Der Unterschied der beiden Melodien ist jedoch gering.

Das ›Peme hung‹ ist möglicherweise dem Mantra des Tchenrezig: »Om mani peme hung« entnommen oder dessen Verkürzung. Diese Vermutung drängt sich auf, da auch tibetische Epensänger die Lieder des Epos oft mit »Om mani peme hung« einleiten.

Die Einrahmung jedes einzelnen Verses mit »Peme hung« oder einer doppelten Anrede ist eine spezifische Nangchen-Vortragsweise. Sie wurde von verschiedenen Erzählern des Gebietes benutzt, war allen Nangchenpas vertraut und ist mir weder in anderen Sammlungen noch bei eigenen Märchenaufnahmen aus anderen Gebieten Tibets begegnet.

In dem Märchen *Die eingefangene Göttin* fehlen den Liedern diese typischen Einrahmungen. Dieses Märchen weicht auch in Thematik und Bildwahl beträchtlich von den anderen ab. Es ist eine verkürzte und teilweise veränderte Nacherzählung des bekannten Theaterstückes (lhamo) *Norsang*. Es hat, wie andere Theaterstücke auch, thematisch seinen Ursprung in Indien und gilt als besonders dharmafreundlich, den religiösen Lehren konform. Einige dieser Theaterstücke haben als Geschichten ihren festen Platz in der mündlichen Überlieferung gefunden.

Nicht nur in der Form, sondern auch inhaltlich bilden die Liedermärchen eine Einheit. Diese Einheitlichkeit drückt sich aus in der Wahl der Bilder und Themen und im Handlungsablauf. Sie bleiben der Realität insgesamt stärker verhaftet als die Erzählmärchen. Das zeigt sich unter anderem darin, daß Verwandlungen und überraschende Hilfen nur sparsam eingesetzt werden; in der Regel nur in Ausnahmesituationen, dann, wenn das Menschen-Mögliche getan wurde und zur Lösung des Problems nicht ausreicht. Diese ›Ausnahmesituationen‹ sind in den Liedermärchen meistens nur einmal gegeben, wohingegen sie in den Erzählmärchen gehäuft vorkommen und damit auch häufiger zauberhafte Lösungen verlangen.

Die Liedermärchen sind ›ernste Märchen‹. Sie spiegeln Problemsituationen wider. Die zwischenmenschlichen Beziehungen sind das zentrale Thema: die Liebe zu jemandem, der einer anderen sozialen Schicht angehört; die Sorgen und Ängste der Frau, deren Mann auf einer monate- oder jahrelangen Handelsreise unterwegs ist; der Konflikt zwischen den ›guten und bösen Geistern‹ innerhalb einer Familie; die Macht des Mächtigen, des Königs, über seine Untertanen; der Geringe, der sich anmaßt, mehr zu sein, als ihm zukommt ...

Gerade auch vor dem Hintergrund des Denkens und der Gesellschaftsstruktur der Nangchenpa gewann ich den Eindruck, daß die Liedermärchen ihre Themen realistisch behandeln.

Die Lebensweise der tibetischen Nomaden hat sich über die Jahrhunderte nicht oder kaum verändert, dadurch blieben die formelhaft durchstrukturierten Liedermärchen mit ihrer

Thematik immer aktuell. Das dürfte sich allerdings jetzt erschreckend schnell ändern, denn die radikalste Umwälzung vollzieht sich in diesem Jahrhundert mit dem Einzug der ›modernen Welt‹, eingeleitet durch den Bau eines Straßennetzes in Tibet und vorangetrieben durch den Einzug der Medien. Exiltibeter stehen heute bereits der Welt der ›Tampe‹ recht fern.

Die Erzählmärchen sind zwar nicht so einheitlich wie die Liedermärchen, doch haben sie als gemeinsames Merkmal das Zauberhafte, das überraschend Hilfreiche und die wunderbaren Verwandlungen. Insofern können sie zu dem gezählt werden, was allgemein unter Zaubermärchen verstanden wird. Auch in diesen Märchen klingen sozial relevante Themen an, doch sie spielen in einem realitätsfernen Handlungsraum, in dem das Überraschende und Wunderbare die Regel wird. Das ist – neben der Form – ein augenfälliger Unterschied zu den Liedermärchen.

Bei den Erzählmärchen gibt es zwei Gruppen:

Die Märchen der ersten Gruppe haben einen eher ernsten Charakter, jedoch mit Ulk durchsetzt. Hierzu zähle ich die Märchen: *Das Feenmädchen und die Dzokuh, Das Hirschmädchen Korallenzahn, Drachenhorn und goldenes Stöcklein* und *Die nicht gestorbene Prinzessin.*

Bei der zweiten Gruppe ist zwar eine ernste Grundthematik zu erkennen, doch sind Handlungen und Verwandlungen zum Teil sehr drastisch, überspitzt und häufig; hier haben die Lust am Fabulieren und der Reiz des Ulks die Oberhand gewonnen. Ich nenne sie gerne ›Klamaukmärchen‹ und denke dabei an: *Der Froschbräutigam, Die Hundebraut, Der Drachentöter.*

In den Erzählmärchen finden sich übrigens auch viel zahlreicher als in den Liedermärchen klassische Märchenmotive, wie sie aus dem indoeuropäischen Raum oder enger gefaßt: wie sie uns aus den Märchen der Brüder Grimm vertraut sind. So etwa Tischlein deck dich (in *Drachenhorn und goldenes Stöcklein*), Aschenputtel (in *Das Feenmädchen und die Dzokuh* und in *Hirschmädchen Korallen-*

zahn), Frau Holle (in *Das Feenmädchen und die Dzokuh*), der Tierbräutigam (in *Der Froschbräutigam* und *Die Hundebraut*), das Dornröschen (in *Drachenhorn und goldenes Stöcklein*), der Drachentöter (in dem gleichnamigen Märchen) und der Jüngste, der sein Glück macht (in *Die nicht gestorbene Prinzessin*). In jedem Märchen sind meist mehrere der bekannten Motivbausteine zu finden.

Etwas schmeichelhaft ist die Bezeichnung *Erotische Märchen*, wie sie sich im Inhaltsverzeichnis für die letzte Gruppe der Märchen findet. Es sind *Schwänke*, die allgemein und so auch in Tibet von Dreistigkeiten, Obszönitäten und Nonsens leben. Zu ihnen gehören vor allem die allseits bekannten und geliebten Aku-Tömpa-Geschichten.

Ob die vorliegenden Märchen tibetisch-nomadischen Ursprungs sind, ist noch eine offene Frage. Indischer Einfluß auf die Erzähltradition Tibets ist so gut wie sicher. Indien war, spätestens vom 7. Jahrhundert an, geistiger Anziehungspunkt für Tibet. Indische Gelehrte wurden nach Tibet eingeladen. Tibeter gingen zum Studium nach Indien. Viele wichtige Werke, die direkt oder peripher mit dem Buddhismus zu tun hatten, wurden aus dem Sanskrit ins Tibetische übersetzt. Auch indische Erzählungen, darunter Märchen und Fabeln, wurden übersetzt. Diese Märchen und daneben sicherlich auch solche, die nicht schriftlich fixiert waren, wurden in Tibet erzählend weitergegeben und somit Teil der mündlichen Überlieferung. Dabei kam es zu Neuschöpfungen aus Elementen einheimischer (oder vorhandener) und indischer Märchen. Die Erzählmärchen dieser Sammlung sind vermutlich zu einem nicht geringen Teil derartige Neuschöpfungen.

Ob die eher realistischen Liedermärchen von Indien unbeeinflußt entstanden sind, sei dahingestellt. Die zahlreichen Lieder mit ihren feststehenden Formeln und die formelhaft durchstilisierte Prosa dieser Märchen lassen jedenfalls ein hohes Alter vermuten, und Bilder wie Themen weisen auf den tibetisch-nomadischen Lebensraum hin.

Zur Präsentation der Märchen

Insgesamt hält sich die Übersetzung eng an den Original-sprechtext. Um jedoch eine ›lesbare‹ deutsche Fassung zu erhalten, war eine wortgetreue Übertragung nicht immer möglich. Immer habe ich aber die sinngetreue Wiedergabe angestrebt.

So wurden Redewendungen, Sinnbilder, Gleichnisse, Sprichworte nur dann wörtlich oder annähernd wörtlich wiedergegeben, wenn sie auch im Deutschen einen Sinn ergaben. War das nicht der Fall, habe ich sie durch ein treffendes deutsches Äquivalent ersetzt. In einigen Fällen mußte auch darauf verzichtet werden.

Die vorliegenden Märchen wurden, wie gesagt, erzählt; und das gesprochene Wort ist immer (oder meistens) durchsetzt von ein- und überleitenden Worten wie: ›oh . . ., und dann dann dann . . ., nun dann . . .‹ oder von Wiederholungen wie: ›Er kam. Dann, als er gekommen war, da . . .‹
Dieses aus dem Erzählen heraus sich ergebende Beiwerk habe ich in der Übersetzung unberücksichtigt gelassen.

LIEDERMÄRCHEN

Königssohn und Bettlertochter

Es gab einmal eine Königsfamilie. Die Königsfamilie hatte einen Sohn, der wurde Thongkaa Tchab genannt.
Es gab zwei Bettlerinnen, Mutter und Tochter. Die Bettlertochter wurde Pema Ntsho genannt.
Der Königssohn war Pferdehirt.
Die Bettlertochter war Ziegenhirtin.
In dem Tal, in dem sie lebten, trieb der Königssohn seine Pferde entlang der Schattenseite des Tales.
Die Bettlertochter trieb ihre Ziegen entlang der Sonnenseite des Tales.
Beide erreichten so das obere Ende des Tales.

Der Königssohn sang:

> »Peme hung
> Bettlermädchen Pema Ntsho!
> Peme hung
> Sollen wir die Ziegen von der Sonnenseite zur Schattenseite treiben?
> Peme hung
> Sollen wir die Pferde von der Schattenseite zur Sonnenseite treiben?
> Peme hung
> Sollen wir die kleinen Mützen als Kopfkissen benutzen?
> Peme hung
> Sollen wir die kleinen Stiefel als Unterlage benutzen?
> Peme hung
> Sollen wir unseren Essensproviant mischen?
> Peme hung«

Das Bettlermädchen:

> »Peme hung
> Königssohn Thongkaa Tchab!
> Peme hung
> Meinetwegen treiben wir die Ziegen von der Sonnenseite zur Schattenseite!
> Peme hung
> Meinetwegen treiben wir die Pferde von der Schattenseite zur Sonnenseite!
> Peme hung
> Meinetwegen benutzen wir die kleinen Mützen als Kopfkissen!
> Peme hung
> Meinetwegen benutzen wir die kleinen Stiefel als Unterlage!
> Peme hung
> Meinetwegen mischen wir unseren Essensproviant!
> Peme hung

Sie trieben die Ziegen von der Sonnenseite zur Schattenseite des Tales.

Sie trieben die Pferde von der Schattenseite zur Sonnenseite des Tales.

Sie benutzten die kleinen Mützen als Kopfkissen.

Sie benutzten die kleinen Stiefel als Unterlage.

Sie mischten ihren Essenproviant: Tsampa und Tchura.

Von nun an trafen sie sich täglich.

Alle Tage verbrachten sie in der Weise zusammen.

Eines Tages brachte der Königssohn einen Armreif aus Elfenbein mit. Täglich, während ihres Beisammenseins, trug das Bettlermädchen nun diesen Armreif.

Eines Abends vergaß sie, bevor sie nach Hause ging, den Armreif auszuziehen.

Die Mutter, die eine Dämonin war, wußte, daß die beiden täglich verliebt beieinanderlagen.

Als das Mädchen an diesem Abend heimkam und sich wie üblich anschickte, die Kühe zu melken, da sprach die Mutter: »Wasche deine Hände!«

Als das Mädchen gerade ihre Hände waschen wollte, da sagte die Mutter: »Du, streife gefälligst deine Ärmel hoch!«

Sie streifte die Ärmel hoch.

»Du, streife gefälligst deine Ärmel hoch!« sagte noch einmal die Mutter.

Das Mädchen streifte den Ärmel weiter nach oben.

Und wieder sagte die Mutter: »Du, streife gefälligst deine Ärmel hoch!«

Sie ließ das Mädchen ihre Ärmel bis zu den Schultern hochstreifen und – erblickte den Armreif.

»Woher hast du den Armreif?« fuhr sie das Mädchen an. »Rechtmäßig kannst du so etwas gar nicht besitzen! Woher hast du ihn?«

»Oh, dieser Armreif gehört dem Königssohn Thongkaa Tchab. Ich habe ihn nur zum Spaß getragen und vergessen, ihn auszuziehen!« antwortete das Mädchen.

Die Mutter schimpfte: »Was du nicht sagst! Glauben soll ich dir etwa? Solch einen Armreif trägst du! Du treibst es zu weit, Mädchen! Ich werde dir eine Lektion erteilen!«
Die Mutter wetzte, wetzte, wetzte, wetzte die Axt, steckte sie in die Seite und eilte davon. Dabei imitierte sie den Gang des Mädchens.
Sorgenvoll betrübt dachte das Mädchen:
»Was sie nur vorhat? Was wird sie dem Königssohn antun?«
Den ganzen lichten langen Tag weinte sie und ließ den Paß nicht aus den Augen.

Der Königssohn Thongkaa Tchab ahnte nichts. Er dachte, es sei wie immer das Bettlermädchen Pema Ntsho.
Wie immer sang er sein Lied:

>»Peme hung
>Bettlermädchen Pema Ntsho!
>Peme hung
>Sollen wir die Ziegen von der Sonnenseite zur Schattenseite treiben?
>Peme hung
>Sollen wir die Pferde von der Schattenseite zur Sonnenseite treiben?
>Peme hung
>Sollen wir die kleinen Mützen als Kopfkissen benutzen?
>Peme hung
>Sollen wir die kleinen Stiefel als Unterlage benutzen?
>Peme hung
>Sollen wir unseren Essensproviant mischen?
>Peme hung«

Die Mutter, diese Dämonin, antwortete:

»Peme hung
Königssohn Thongkaa Tchab!
Peme hung
Meinetwegen treiben wir die Ziegen von der Sonnenseite zur Schattenseite!
Peme hung
Meinetwegen treiben wir die Pferde von der Schattenseite zur Sonnenseite!
Peme hung
Meinetwegen benutzen wir die kleinen Mützen als Kopfkissen!
Peme hung
Meinetwegen benutzten wir die kleinen Stiefel als Unterlage!
Peme hung
Meinetwegen mischen wir unseren Essensproviant!
Peme hung«

»Mein Mädchen ist da«, dachte der Königssohn und ging zu ihr hin. Es war nicht sein Mädchen. Als er nahe genug herangekommen war, schlug die Dämonin ihm mit der Axt den Schädel ein. Die Hälfte des Schädels war zerschmettert.
Am Abend kam die Mutter nach Hause zurück. Blutverschmiert war ihre Axt. Mit einer blutverschmierten Axt kam sie zurück.
Der Königssohn Thongkaa Tchab vermochte seine Pferde nicht nach Hause zu treiben. Er blieb, wo er war.
Am folgenden Morgen, in aller Frühe, stahl sich das Mädchen davon. Die Ziegen vor sich hertreibend, machte es sich auf den Weg.
Der Königssohn war nicht mehr fähig, seine Pferde auszutreiben.

Das Bettelmädchen rief nach dem Pferdehirten:

»Peme hung
Königssohn Thongkaa Tchab!
Peme hung
Sollen wir die Ziegen von der Sonnenseite zur Schattenseite treiben?
Peme hung
Sollen wir die Pferde von der Schattenseite zur Sonnenseite treiben?
Peme hung
Sollen wir die kleinen Mützen als Kopfkissen benutzen?
Peme hung
Sollen wir die kleinen Stiefel als Unterlage benutzen?
Peme hung
Sollen wir unseren Essensproviant mischen?
Peme hung«

Es kam keine Antwort. Wieder rief das Mädchen:

»Peme hung
Königssohn Thongkaa Tchab!
Peme hung
Sollen wir die Ziegen von der Sonnenseite zur Schattenseite treiben?
Peme hung
Sollen wir die Pferde von der Schattenseite zur Sonnenseite treiben?
Peme hung
Sollen wir die kleinen Mützen als Kopfkissen benutzen?
Peme hung
Sollen wir die kleinen Stiefel als Unterlage benutzen?
Peme hung
Sollen wir unseren Essensproviant mischen?
Peme hung«

Nun kam eine Antwort:

»Peme hung
Ich vermag nicht die kleinen Mützen als Kopfkissen
zu benutzen!
Peme hung
Ich vermag nicht die kleinen Stiefel als Unterlage zu
benutzen!
Peme hung
Ich vermag nicht den Essensproviant zu mischen!
Peme hung
Ich vermag nicht die Ziegen von der Sonnenseite zur
Schattenseite zu treiben!
Peme hung
Es ist alles aus! Die Hälfte meines Schädels ist
zerschmettert!
Peme hung«

Das Mädchen ging zu ihm. Die Hälfte seines Schädels war zerschmettert. Das Mädchen weinte und weinte.

»Was können wir tun, damit du nicht stirbst?« fragte sie.

»Die Mutter hat gestern den Armreif zu Gesicht bekommen ...!« schluchzte sie und umklammerte verzweifelt den Geliebten.

»Ich werde sicher sterben ...«, sprach der Königssohn.

Und weiter sprach er:

»Vom Osten her wird eine schwarze Wolke aufkommen, so groß wie ein Ziegenkadaver!

Vom Westen her wird eine weiße Wolke aufkommen, so groß wie ein Schafskadaver!

Sollte die weiße Wolke die schwarze Wolke verdecken, werde ich nicht sterben.

Wenn jedoch die schwarze Wolke die weiße Wolke verdeckt, dann sterbe ich!«

Im Osten erschien eine schwarze Wolke, so groß wie ein Ziegenkadaver.

Im Westen erschien eine weiße Wolke, so groß wie ein Schafskadaver.

Die weiße Wolke traf auf die schwarze Wolke.

Nach und nach schob sich die weiße Wolke vor die schwarze Wolke. Schließlich verdeckte die weiße die schwarze Wolke so weit, daß von dieser nur noch soviel zu sehen war wie vom Mond des dritten Tages.

Doch dann wuchs die schwarze Wolke mächtig an. Sie wurde größer und größer. Die schwarze Wolke verdeckte die weiße, daß auch nicht das kleinste Zipfelchen mehr zu sehen war.

Der Königssohn starb.

Für den Königssohn wurde die Verbrennungsstätte errichtet. Der Leichnam wurde hineingelegt. Als die üblichen Zeremonien verrichtet waren, wurde das Feuer entzündet.

Sie entzündeten das Feuer, doch der Leichnam fing kein Feuer. Rauch stieg hoch. Der Rauch suchte das Mädchen. Der Rauch umfing das Mädchen. Der Rauch hüllte das

Bettlermädchen Pema Ntsho ein. Der Leichnam fing kein Feuer. Das Feuer wollte nicht brennen. Nur Rauch quoll hoch. Der Rauch umkreiste das Mädchen.
Das Bettlermädchen Pema Ntsho sang:

>>Peme hung
Kreisender Rauch! Umkreise den Vater!
Peme hung
Kreisender Rauch! Umkreise die Mutter!
Peme hung
Sinnlos ist es, mich zu umkreisen!
Peme hung
Den Mantel ziehe ich aus! Ich werfe ihn ins Feuer!
Peme hung<<

Sie zog ihren Mantel aus und warf ihn ins Feuer. Das Feuer loderte auf. Rot loderte das Feuer auf. Sodann erlosch es wieder. Das Feuer wollte nicht brennen. Wieder umkreiste der Rauch das Mädchen. Das Mädchen sang:

>>Peme hung
Kreisender Rauch! Umkreise den Vater!
Peme hung
Kreisender Rauch! Umkreise die Mutter!
Peme hung
Sinnlos ist es, mich zu umkreisen!
Peme hung
Das Kleid ziehe ich aus! Ich werfe es ins Feuer!
Peme hung<<

Sie zog ihr Kleid aus und warf es ins Feuer. Das Feuer loderte auf, loderte rot auf; für eine Weile brannte es, doch dann erlosch es wieder. Das Feuer wollte und wollte nicht brennen.
Wieder umkreiste der Rauch das Mädchen.
Das Mädchen sang:

>>Peme hung
Kreisender Rauch! Umkreise den Vater!

    Peme hung
    Kreisender Rauch! Umkreise die Mutter!
    Peme hung
    Sinnlos ist es, mich zu umkreisen!
    Peme hung
    Die Unterkleider ziehe ich aus! Ich werfe sie ins
    Feuer!
    Peme hung«

Das Mädchen zog ihre Unterkleider aus und warf sie ins
Feuer.
Das Feuer loderte auf und erlosch wieder. Es wollte nicht
brennen.
Immer noch umkreiste der Rauch das Mädchen. Wohin sich
das Mädchen auch wendete, Der Rauch folgte ihr nach und
umhüllte sie.
Das Mädchen sang:

    »Peme hung
    Kreisender Rauch! Umkreise den Vater!
    Peme hung
    Kreisender Rauch! Umkreise die Mutter!
    Peme hung
    Sinnlos ist es, mich zu umkreisen!
    Peme hung
    Ich selbst komme! Ich stürze mich ins Feuer!«

Sie sprang ins Feuer, nahm sich das Leben!
Das Feuer loderte auf. Es brannte!
Die beiden verbrannten! Zusammen verbrannten sie!
Man legte die Knochen des Mädchens an eine Stelle.
Man legte die Knochen des Jungen an eine Stelle.
Die Seelen der beiden verwandelten sich in ein goldenes
Vögelchen und in ein silbernes Vögelchen.
Der Junge verwandelte sich in ein goldenes Vögelchen.
Das Mädchen verwandtelte sich in ein silbernes Vögelchen.
Als Vögelchen waren sie wieder vereint.
Wieder erfuhr die Mutter, diese Dämonin, was geschehen

war. »Was kann ich tun, um ihnen Angst einzujagen?«
überlegte sie. Sie entdeckte einen verwesenden Hundekopf.
Sie wußte, daß die beiden sich vor so etwas ekelten, sich
davor fürchteten.
Sie schleppte den verwesenden Hundekopf herbei und legte
ihn genau zwischen die beiden kleinen Vögelchen, zwischen
die Skelettknochen der beiden.
Die zwei fürchteten sich sehr. Sie wagten es nicht, sich zu
treffen.
In der Ferne sahen sie einen ehrwürdigen Mönch mit einem
Maulesel nahen.
Das goldene Vögelchen rief ihm zu:

> »Peme hung
> Ehrwürdiger Mönch, der du den Maulesel führst!
> Peme hung
> Vereine das goldene und das silberne Vögelchen!
> Peme hung
> Entferne den Hundekopf, der ihnen im Wege liegt!
> Peme hung«

Der Mönch mit dem Maulesel dachte: »Was wird da gesagt?« und horchte:

>Peme hung
Ehrwürdiger Mönch, der du den Maulesel führst!
Peme hung
Vereine das goldene und das silberne Vögelchen!
Peme hung
Entferne den Hundekopf, der ihnen im Wege liegt!
Peme hung«

»Was haben sie?« dachte er und kam schnell herbeigeeilt.
Er sah zwei Verbrennungsstätten. Er sah die Skelettknochen zweier Menschen. Dazwischen lag ein Hundekopf. Er
sah ein goldenes und ein silbernes Vögelchen.
Er nahm den Hundekopf und warf ihn den Hang hinunter.
Das goldene und das silberne Vögelchen, sie waren wieder
vereint.
Wieder erfuhr die Dämonin, was geschehen war. Sie rannte
zurück, holte den Hundekopf und legte ihn erneut zwischen die beiden. Wieder wagten sie nicht, sich zu treffen.
In der Ferne sahen sie einen ehrwürdigen Mönch mit einem
Schaf nahen. Das goldene Vögelchen rief ihn an:

>Peme hung
Ehrwürdiger Mönch, der du das Schaf an der Leine
führst!
Peme hung
Vereine das goldene und das silberne Vögelchen!
Peme hung
Entferne den Hundekopf, der ihnen im Wege liegt!
Peme hung«

Ein Pferdehirt des Königs hörte ebenfalls das Rufen.
»Was wird da gerufen?« dachte er und lauschte.
Auch der Mönch mit dem Schaf lauschte.

Wieder kam das Rufen:

»Peme hung
Ehrwürdiger Mönch, der du das Schaf an der Leine
führst!
Peme hung
Vereine das goldene und das silberne Vögelchen!
Peme hung
Entferne den Hundekopf, der ihnen im Wege liegt!
Peme hung«

Der Mönch mit dem Schaf schmiß den Hundekopf den
Hang hinunter.
Das goldene und das silberne Vögelchen, sie waren wieder
vereint.
Der Pferdehirt des Königs, der alles mit angehört hatte,
rannte zum Königshaus, sprang über Gold- und Silberthron
hinweg – hin zum König.
»O König, Majestät, ich habe Euch etwas zu berichten!«
sprach er. »Habt Ihr irgendwelchen Tadel, hegt Ihr Groll
gegen mich?« fragte er. »Wenn Ihr nichts an mir zu tadeln
habt, werde ich Euch etwas berichten! Habt Ihr aber etwas
an mir zu tadeln, getraue ich mich nicht zu sprechen!«
»Oh, was weißt du, was weißt du?« fragte der König.
»Ich werde alles erzählen, was ich weiß! Aber habt Ihr auch
wirklich nichts an mir auszusetzen?«
»Auch nicht einen Tadel wirst du von mir hören!« sprach
der König.
»Nun, da Ihr nichts an mir auszusetzen habt ...
Der verstorbene Sohn unseres Hauses und jenes Mädchen,
sie haben sich in ein goldenes und in ein silbernes Vögelchen
verwandelt! Jene Dämonin legte vermutlich den Hundekopf zwischen die beiden. Das goldene Vögelchen bat einen
Mönch, der ein Schaf bei sich hatte, er möge den Hundekopf
entfernen. Der Mönch warf den Hundekopf den Hang
hinunter. Auf diese Weise vereinigte er das goldene und das
silberne Vögelchen. Das habe ich gesehen! Das habe ich
gehört!«

Am folgenden Morgen ging der König, um sich selbst zu überzeugen. Er sah das goldene und das silberne Vögelchen. Seite an Seite hüpften sie einher. Gemeinsam pickten sie Körner. Gemeinsam flogen sie auf einen Baum. Alles machten sie gemeinsam.

Der König lud Wahrsager und Astrologen ein.

Er ließ die Wahrsager ihr Mo werfen.

Er ließ die Astrologen ihre Berechnungen erstellen.

Die höchsten Lamas bat er um Rat.

»Was kann man für die beiden tun? Welche Hilfe kann es geben?« fragte der König. »Alles, was einem Menschen auf dieser Welt möglich ist, werde ich für sie tun!« sprach er.

Die Weisen des Landes rieten:

»Stellt für das goldene Vögelchen einen kleinen goldenen Käfig bereit!

Stellt für das silberne Vögelchen einen kleinen silbernen Käfig bereit!

Gebt in den goldenen Käfig achtzehn verschiedene Körner, achtzehn verschiedene Blumen, achtzehn verschiedene Hölzer!

Gebt in den silbernen Käfig achtzehn verschiedene Körner, achtzehn verschiedene Blumen, achtzehn verschiedene Hölzer!

Laßt die kleinen Käfige offenstehen!

Wenn die Vögelchen in die kleinen Käfige gehüpft sind, schließt die Käfige! Tragt sie ins Haus!

Umhüllt die Käfige mit verschiedenen Stoffen: mit Baumwolle, Seide und Brokat in den fünf verschiedenen Farben!

Besprenkelt sie mit Weihwasser!

Laßt sie sieben Tage lang unberührt stehen!

Sieben Tage lang dürft Ihr auch nicht einen Blick auf sie werfen!

Segnet den Platz mit Reis- und Wasseropfern!

Bittet die Götter herbei!

Bittet die höchsten Lamas in den Dienst!

Bittet die Ortsgeister herbei!

Betet!
Opfert Butterlampen!
Formt Tormas!
Vollzieht ein Opfergastmahl!
Betet, betet viel!
Wenn Ihr all das befolgt, so werden sich die beiden Vögelchen in Menschen zurückverwandeln!«
»Ja«, sprach der König.
Sie stellten die kleinen Käfige für die Vögelchen bereit.
Nachdem das goldene Vögelchen in den goldenen Käfig gehüpft war, schlossen sie den Käfig zu.
Nachdem das silberne Vögelchen in den silbernen Käfig gehüpft war, schlossen sie den Käfig zu.
Sie trugen die Käfige ins Haus und umwickelten sie mit Stoffen in den fünf verschiedenen Farben.
Lamas wurden eingeladen, Bücher wurden rezitiert, Gebete wurden gesprochen, Zeremonien wurden abgehalten.
Alles, was gut und hilfreich sein mochte, wurde getan.
Nach sieben Tagen schauten sie nach.
Das goldene Vögelchen hatte sich in den Königssohn zurückverwandelt.
Das silberne Vögelchen hatte sich in das Bettlermädchen zurückverwandelt.
Das Bettlermädchen wurde des Königssohns Braut.
Glück und Freude reichten bis an den Himmel heran.
Die Sorgenblätter wurden mit den Wassern fortgetragen.
Arrak und Butteröl tropften, tropften, tropften.
Buttermilch und Molke flossen in Strömen.
So lebten sie.

Der Treueschwur

Es gab einmal einen Jungen, genannt Toji Taktse Karja. Wie der Name verrät, stammte er aus dem Hause Taktse im oberen Teil des Tales.

Ein Mädchen gab es, genannt Mheji Tharze Jüdrun. Sie kam aus dem Hause Thar im unteren Teil des Tales.

Toji Taktse Karja und Mheji Tharze Jüdrun waren unbeschreiblich ineinander verliebt. Wann immer möglich trafen sie sich. Nur schwer ertrugen sie eine Trennung. Schließlich gaben sie sich das Wort fürs Leben:

Zuerst besiegelten sie ihren Treueschwur durch das Knüpfen eines Knotens in Seide.

Der Knoten, den sie knüpften, würde sich niemals lösen, selbst wenn die Seide zerrisse.

Danach besiegelten sie ihren Treueschwur durch eine Ritzung in Stein.

Die Zeichen, die sie einritzten, würden niemals ausgelöscht werden, selbst wenn der Stein zerbräche.

Nun geschah es, daß aus einem anderen Königshaus um die Hand des Mädchens angehalten wurde. Sie wurde versprochen. Bald schon sollte die Hochzeit stattfinden.

Tharze Jüdrun grübelte: »Was soll ich nur tun? –

Wir haben unser Versprechen durch einen Seidenknoten besiegelt; auch wenn die Seide zerreißt, der Knoten ist unlösbar.

Wir haben unser Versprechen durch eine Steinritzung besiegelt; auch wenn der Stein zerbricht, die Zeichen sind unauslöschbar.«

Zu der Zeit kam ein ehrwürdiger Mönch, einen Maulesel an der Leine führend, des Weges.

Mheji Tharze Jüdrun sang:

> »Peme hung
> Ehrwürdiger Mönch, der Ihr den Maulesel führt!

Peme hung
Von wo seid Ihr heute morgen aufgebrochen?
Peme hung
Wo gedenkt Ihr heute abend anzukommen?
Peme hung«

Der Mönch erwiderte:

Peme hung
Seit dem Morgen komme ich von unten her.
Peme hung
Bis zum Abend hoffe ich oben anzukommen.
Peme hung«

Mheji Tharze Jüdrun:

»Peme hung
Taktse Karja im oberen Teil des Tales
Peme hung
und Tharze Jüdrun im unteren Teil des Tales
Peme hung
haben ihren Treueschwur durch einen Seidenknoten
besiegelt;
Peme hung
auch wenn die Seide zerreißt, der Knoten ist unlösbar.

Peme hung
Sie haben ihren Treueschwur durch eine Steinrit-
zung besiegelt;
Peme hung
auch wenn der Stein zerbricht, die Zeichen sind
unauslöschbar.
Peme hung
Taktse Karja, verweile nicht! Taktse Karja, beeile
dich!
Peme hung«

»Mheji Tharze Jüdrun ward einem anderen versprochen!
Sehr bald schon soll die Hochzeit sein! Morgen, übermor-
gen werden die Abgesandten der Bräutigamfamilie eintref-
fen!
Bitte, ehrwürdiger Mönch, übermittelt diese Nachricht!«
Der Mönch mit dem Maulesel sang:

>»Peme hung
Mädchen, hast du diesen Maulesel gern?
Peme hung
Springe auf ihn, Mädchen! Springe auf den kleinen
dunklen Maulesel!
Peme hung«

»Dazu gibt es gar keinen Grund!« gab das Mädchen zurück.
»Doch bitte, überbringt die Nachricht Taktse Karja im
oberen Teil des Tales!«
Der Mönch überbrachte die Nachricht nicht.
Am folgenden Tag kam ein ehrwürdiger Mönch mit einem
Schaf des Weges.
Mheji Tharze Jüdrun sprach ihn an:

>»Peme hung
Ehrwürdiger Mönch, der Ihr das Schaf an der Leine
führt!
Peme hung
Von wo seid Ihr heute morgen aufgebrochen?

Peme hung
Wo gedenkt Ihr heute abend anzukommen?
Peme hung«

Der Mönch antwortete:

»Peme hung
Seit dem Morgen komme ich von unten her.
Peme hung
Bis zum Abend hoffe ich oben anzukommen.
Peme hung«

Mheji Tharze Jüdrun:

»Peme hung
Taktse Karja im oberen Teil des Tales
Peme hung
und Tharze Jüdrun im unteren Teil des Tales
Peme hung
haben ihren Treueschwur durch einen Seidenknoten
besiegelt,
Peme hung
auch wenn die Seide zerreißt, der Knoten ist unlösbar.
Peme hung

Sie haben ihren Treueschwur durch eine Steinrit-
zung besiegelt.
Peme hung
auch wenn der Stein zerbricht, die Zeichen sind
unauslöschbar.
Peme hung
Taktse Karja, verweile nicht! Taktse, beeile dich!
Peme hung
Sehr bald schon werden die Abgesandten der Bräu-
tigamfamilie eintreffen!
Peme hung«

»Bitte, ehrwürdiger Mönch, überbringt diese Botschaft!«
Der Mönch mit dem Schaf sang:

»Peme hung
Mädchen, hast du dieses Schaf gern?
Peme hung
Spring auf es, Mädchen! Spring 'rauf auf das Glücks-
schaf, Mädchen!
Peme hung
Des Schafes zottelige Baumelwolle wollen wir ge-
meinsam verbrauchen!
Peme hung«

Das Mädchen erwiderte: »Ich habe keine Zeit, auf dein
Schaf zu springen! Zudem haben Taktse Karja und ich uns
ewige Treue geschworen! Und außerdem soll ich verheiratet
werden. Schon sehr bald kommen die Abgesandten der
Bräutigamfamilie ... Bitte überbringt diese Botschaft Toji
Taktse Karja!«
Der Mönch versprach es.
Als er das Anwesen der steinreichen Familie von Taktse im
oberen Teil des Tales erreichte, da sah er einen Jüngling, so
prächtig anzuschauen, daß er seinen Augen nicht trauen
mochte. Der junge Mann war gerade dabei, die Schafe nach
jung und alt voneinander zu scheiden. »Kho tchara tchara
tchara« rufend, durchmaß er die riesige Schafherde.

Der Mönch sprach ihn an: »Herr, wer ist Toji Taktse Karja?«
»Der bin ich«, antwortete der junge Mann.
»Herr, Mheji Tharze Jüdrun läßt Euch eine Botschaft über-
bringen:

›Taktse Karja im oberen Teil des Tales
und Tharze Jüdrun im unteren Teil des Tales
haben ihren Treueschwur durch einen Seidenknoten
besiegelt, haben ihren Treueschwur durch eine
Steinritzung besiegelt;
auch wenn die Seide zerreißt, der Knoten ist unlösbar,
auch wenn der Stein zerbricht, die Zeichen sind
unauslöschbar.
Wenn du kommen magst, komme schnell!
Schon sehr bald werden die Abgesandten der Bräutigamfamilie eintreffen!‹

Diese Botschaft übermittelt sie Euch.«
Sogleich eilte Toji Taktse Karja davon:
in großen Tälern machte er große Sprünge,
in kleinen Tälern machte er kleine Sprünge ...
Unten angekommen, verwandelte er sich in einen ehrwürdi-
gen Mönch.
Da er ein Gott war, vermochte er sich zu verwandeln ...
Er verwandelte sich in einen Mönch, ließ sich an der Was-
serstelle nieder und wartete.
Bald schon kam jemand Wasser zu holen.
»Woher seid Ihr, ehrwürdiger Mönch?« fragte der Wasser-
holer.
»Ich bin Wahrsager, ich werfe das Mo«, antwortete er. »Ich
verstehe mich gut darauf«, fügte er hinzu.
»Mm, wenn Ihr ein Wahrsager seid ... Heute werden die
Abgesandten der Bräutigamfamilie erwartet ... Seid so gut,
kommt mit hoch und werft das Mo!«
Der Mönch wurde ins Haus geführt. Und als der Hoch-
zeitszug arrangiert werden sollte, bat man ihn, das Mo zu
befragen.

Er warf das Mo und sprach:
»Das beste ist, die Abgesandten der Bräutigamfamilie bilden die Spitze des Hochzeitszuges!
Das beste ist, die Leute der Brautfamilie schließen sich ihnen an!
Das beste ist, Mheji Tharze Jüdrun bildet den Schluß des Hochzeitszuges!
Das beste ist, ich begleite die Braut und stütze sie!
Das sagt das Mo; das ist dabei herausgekommen!«
Die Leute der Bräutigamfamilie bildeten nun die Spitze des Hochzeitszuges. Die Leute der Brautfamilie schlossen sich an. Das Mädchen und der Mönch folgten langsam nach.
Bald schon rief man von vorne aus dem Hochzeitszug:

»Mädchen, verweile nicht! Mädchen, beeile dich!«

Der Mönch antwortete:
»Es läßt sich nicht vermeiden, daß sie ein wenig zurückbleibt. Die Bernsteine sind so schwer, sie kann den Kopf nicht aufrechthalten ...
Die Onyxketten sind so schwer, sie kann ihren Körper nicht aufrechthalten ...
Es ist unumgänglich, daß das Mädchen zurückbleibt.«
Die anderen dachten: »Da der ehrwürdige Mönch das sagt, wird es wohl seine Richtigkeit haben«, und sie trabten auf ihren Grau- und Blauschimmeln weiter vorauf.
Ihre Pferde reitend, folgten die beiden gemächlich nach.
Bald schon kamen wieder Rufe aus dem Hochzeitszug:

»Mädchen, verweile nicht! Mädchen, beeile dich!«

Der Mönch antwortete:
»Es läßt sich nicht vermeiden, daß sie ein wenig zurückbleibt. Die Bernsteine sind so schwer, sie kann den Kopf nicht aufrechthalten ...
Die Onyxketten sind so schwer, sie kann ihren Körper nicht aufrechthalten ...
Es ist unumgänglich, daß das Mädchen zurückbleibt.«

44

An einer Wegkreuzung, als sie dem Gesichtsfeld der anderen für einen Moment entrückt waren, verwandelten sich die beiden in einen weißbrüstigen und in einen braunbrüstigen Geier und flogen nach Taktse im oberen Teil des Tales ...

Die Leute des Hochzeitszuges wunderten sich: »Das Mädchen müßte doch schon längst die Wegkreuzung passiert haben!« dachten sie. Einige ritten zurück, um nachzuschauen; doch sie fanden keinerlei Fußabdrücke, die ange-

zeigt hätten, welche Richtung das Mädchen eingeschlagen haben könnte ...

Die beiden lebten derweil zusammen in der Familie von Taktse. Nach einem Monat mußte das Mädchen, wie es nach eingegangener Ehe Brauch ist, für einige Zeit in ihr Elternhaus zurückkehren.

Zu ihrem Ehemann sprach sie: »Ich gehe jetzt zu meinen Eltern zurück. Länger als einen Monat werde ich nicht bleiben! Bitte, tue mir einen Gefallen: bleibe während dieser Zeit zu Hause! Gehe nicht vor die Tür! Vermeide es, Reisende und Gäste zu treffen! Gib niemandem irgendwelche Auskünfte! Gehe nicht aus dem Haus! Bitte!«

Mheji Tharze Jüdrun kehrte in ihr Elternhaus zurück und blieb dort einen Monat.

Während dieser Zeit kamen sieben Männer auf sieben Pferden, mit sieben Hunden und sieben Gewehren nach Taktse.

»Wir möchten Toji Taktse Karja sprechen!« sagten sie.
Man führte sie zu ihm.
»Laß uns Hirsche jagen gehen!« forderten sie ihn auf.
»Ja, laßt uns gehen!« willigte er ein.
Sie gingen auf die Jagd und trafen bald auf einen stolzen
Hirschen und eine Hirschkuh. Sie pirschten sich heran . . .;
doch als sie auf den Hirschen schießen wollten, da sang die
Hirschkuh:

> »Peme hung
> Nicht den Hirschen tötet! Tötet die Hirschkuh!
> Peme hung
> Giftig ist das Fleisch des Hirschen!
> Peme hung
> Heilsam ist das Fleisch der Hirschkuh!
> Peme hung«

Als die Jäger nun die Hirschkuh abschießen wollten, da sang
der Hirsch:

> »Peme hung
> Nicht die Hirschkuh tötet! Tötet den Hirschen!
> Peme hung
> Giftig ist das Fleisch der Hirschkuh!
> Peme hung
> Heilsam ist das Fleisch des Hirschen!
> Peme hung«

Und als sich die Jäger jetzt anschickten, den Hirschen
abzuschießen, da sang die Hirschkuh:

> »Peme hung
> Nicht den Hirschen tötet! Tötet die Hirschkuh!
> Peme hung
> Giftig ist das Fleisch des Hirschen!
> Peme hung
> Heilsam ist das Fleisch der Hirschkuh!
> Peme hung«

Als die Jäger nun die Hirschkuh abschießen wollten, da sang der Hirsch:

»Peme hung
Nicht die Hirschkuh tötet! Tötet den Hirschen!
Peme hung
Giftig ist das Fleisch der Hirschkuh!
Peme hung
Heilsam ist das Fleisch des Hirschen!
Peme hung«

Jetzt, als sie den Hirschen töten wollten, da sprach dieser: »Mein Testament, drei Worte sind's, laßt mich meinen letzten Willen kundtun!«
Die Jäger erlaubten es.
Der Hirsch sang:

»Peme hung
Hirschmutter, zu deinem und der Kinder Aufenthaltsort:
Peme hung
Verweilt nicht auf Bergeshöhen! Weilt in den Niederungen!
Peme hung
Verweilt nicht auf der Berge Schattenseiten! Weilt auf den Sonnenseiten!
Peme hung
Für die Kinder versuche Haine mit zartem Gras zu finden!
Peme hung«

Und weiter sprach er:

»Geht nicht auf Klippen! Geht nicht auf Bergeskuppen!
Ein Mensch könnte kommen, euch zu töten!
Weilt an verborgenen Orten! Schlaft an verhangenen Plätzen!
Auf der Berge Schattenseiten ist es kalt, geht auf die Sonnenseiten!
Auf der Berge Sonnenseiten ist es warm, weilt dort!«

Das waren die letzten Worte des Hirsches an seine Frau und seine Kinder. Dann wurde er getötet.

Auf einem moosbedeckten, flachen Felsen kochten die Jäger das Fleisch des Hirsches und ließen es sich schmecken.

Nach einer Weile forderten sie Taktse Karja auf: »Geh, halte von der Felsenklippe her Ausschau, wo die Hirschkuh mit ihren Kitzen verblieben ist!«

Taktse Karja dachte: »Das ist keine schlechte Idee!« und kletterte auf den Felsvorsprung. Da kamen die Jäger ihm nach und stießen ihn hinab in den Abgrund. Toji Taktse Karja schlug auf einem moosbedeckten Felsen auf und blieb dort liegen.

Mheji Tharza Jüdrun eilte heim nach Taktse.

»Wo ist Taktse Karja?« war ihre erste Frage.

»Sieben Jäger auf sieben Pferden, mit sieben Hunden und sieben Gewehren kamen vorbei. Mit ihnen ist Toji Taktse Karja fortgegangen«, antwortete man ihr.

»Das ist nicht gut«, dachte Tharze Jüdrun; doch sie legte sich schlafen. Um Mitternacht erwachte sie aus einem schweren Traum. Sie erhob sich und sang:

> »Peme hung
> Schlaft nicht, ihr Diener! Diener, wacht auf!
> Peme hung
> Einen Traum hatte ich in dieser Nacht.
> Peme hung
> Es war kein guter Traum! Es war ein böser Traum!
> Peme hung
> Ein Traum, von den himmlischen Boten gesandt.
> Peme hung
> Taktse Karja ward in den Abgrund gestoßen – träumte mir.
> Peme hung
> Taktse Karja liegt hilflos im Abgrund – träumte mir.
> Peme hung

In dieser Nacht hatte ich einen Traum.
Peme hung
Es war kein guter Traum! Es war ein böser Traum!
Peme hung

Peme hung
Die zottelige, göttliche Yakkuh grunzt.
Peme hung
Grunzend starrt sie in Richtung Norden!
Peme hung
Das göttliche Pferd Wildfang wiehert.
Peme hung
Wiehernd starrt es in Richtung Norden!
Peme hung
Der schwarze, göttliche Hund bellt.
Peme hung
Bellend starrt er in Richtung Norden!
Peme hung
Diener, schlaft nicht! Diener, erhebt Euch!
Peme hung«

Die Diener standen nicht auf. Tief und fest schliefen sie
weiter.

Wieder erhob Tharze Jüdrun ihre Stimme:

»Peme hung
Schlaft nicht, ihr Diener! Diener, wacht auf!
Peme hung
Einen Traum hatte ich in dieser Nacht.
Peme hung
Es war kein guter Traum! Es war ein böser
Traum!
Peme hung
Ein Traum, von den himmlischen Boten gesandt.
Peme hung
Taktse Karja ward in den Abgrund gestoßen –
träumte mir.
Peme hung
Taktse Karja liegt hilflos im Abgrund – träumte mir.
Peme hung
In dieser Nacht hatte ich einen Traum.
Peme hung
Es war kein guter Traum! Es war ein böser
Traum!
Peme hung

Peme hung
Die zottelige, göttliche Yakkuh grunzt.
Peme hung
Grunzend starrt sie in Richtung Norden!
Peme hung
Das göttliche Pferd Wildfang wiehert.
Peme hung
Wiehernd starrt es in Richtung Norden!
Peme hung
Der schwarze, göttliche Hund bellt.
Peme hung
Bellend starrt er in Richtung Norden!
Peme hung
Diener, schlaft nicht! Diener, erhebt Euch!
Peme hung«

Wieder hörten die Diener nicht, erhoben sich nicht.
Vor Morgengrauen rief Tharze Jüdrun den Dienern wiederum zu:

»Peme hung
Schlaft nicht, ihr Diener! Diener, wacht auf!
Peme hung
Einen Traum hatte ich in dieser Nacht.
Peme hung
Es war kein guter Traum! Es war ein böser Traum!
Peme hung
Ein Traum, von den himmlischen Boten gesandt.
Peme hung
Taktse Karja ward in den Abgrund gestoßen – träumte mir.
Peme hung
Taktse Karja liegt hilflos im Abgrund – träumte mir.
Peme hung
In dieser Nacht hatte ich einen Traum.
Peme hung
Es war kein guter Traum! Es war ein böser Traum!
Peme hung

Peme hung
Die zottelige, göttliche Yakkuh grunzt.
Peme hung
Grunzend starrt sie in Richtung Norden!
Peme hung
Das göttliche Pferd Wildfang wiehert.
Peme hung
Wiehernd starrt es in Richtung Norden!

Peme hung
Der schwarze, göttliche Hund bellt.
Peme hung

Bellend starrt er in Richtung Norden!
Peme hung
Diener, schlaft nicht! Diener, erhebt Euch!
Peme hung«

Endlich erwachten die Diener. Endlich standen sie auf.
Nun beeilten sie sich. Sie kochten Tee, schlürften Tee und
bei Morgengrauen machten sie sich auf den Weg in Richtung Norden.
Sie fanden Toji Taktse Karja in den Abgrund gestoßen.
Sie fanden ihn hilflos im Abgrund liegen.
Ein Seil hätten sie gebraucht, ihn herauszuziehen; doch sie
hatten keines.
Toji Taktse Karja hatte sich in das Moos des Felses festgekrallt. In der Hoffnung auf Hilfe, die so nah erschien,
änderte er ein wenig seine Stellung. Das Moos entglitt seinen
Händen, und er stürzte tiefer hinab in den Abgrund ...
Mheji Tharze Jüdrun, eine Göttin der oberen himmlischen
Sphären, verwandelte sich sogleich in einen weißbrüstigen
Geier, kam eiligst herbeigeflogen, packte ihn mit ihren
Schwingen und trug ihn hoch hinauf auf den jenseitigen
Berg.
Sie rettete ihn.
Von nun an lebten sie in Freud und Wohlergehen.
Das Glück reichte bis an den Himmel hinan.
Die Sorgenblätter wurden mit den Wassern fortgetragen.
In Reichtum lebten sie.
Arrak und Butteröl tropften, tropften, tropften.
Buttermilch und Molke flossen in Strömen.
So lebten sie, ihr Brüder und Schwestern.

Schwester Freude und der Weltkaufmann

Es gab einmal einen Kaufmann, der wurde der Weltkaufmann genannt. Seine Gemahlin trug den Namen Schwester Freude, Blume göttlicher Schönheit.

Warum der Kaufmann ›Weltkaufmann‹ genannt wurde?

Nun, in der ganzen Welt gab es niemanden, der mehr Macht und Einfluß hatte als er, der prächtiger aussah als er, der besser und klüger war als er.

Warum seine Gemahlin ›Schwester Freude, Blume göttlicher Schönheit‹ genannt wurde?

Nun, sie war schön wie eine Göttin. Ihre Schönheit war der einer Blume gleich.

Solch ein herrliches Paar waren sie.

Eines Tages kam eine Gruppe Kaufleute. Sie forderten den Weltkaufmann auf, mit ihnen auf Handelsreise zu gehen.

Schwester Freude jedoch sprach zu ihnen: »Der Weltkaufmann wird nicht auf Geschäftsreisen gehen!«

Die Kaufleute ließen nicht locker. Inständig baten sie den Weltkaufmann: »Bitte komme mit uns!«

»Er wird nicht gehen!« mischte sich Schwester Freude wiederum ein.

Die Kaufleute wurden ungemütlich und sprachen: »Wir wollen unbedingt, daß du mitkommst! Komme mit!«

»Dann laßt uns gehen!« willigte der Kaufmann schließlich ein.

Sie legten lange, lange Entfernungen zurück und gelangten an das Ufer eines riesigen Sees.

Der Weltkaufmann ging die Pferde anpflocken und tränken.

Er tränkte sie mit den Wassern des Sees:

Die weißen Pferde tränkte er mit weißen Wassern.

Die roten Pferde tränkte er mit roten Wassern.

Die schwarzen Pferde tränkte er mit schwarzen Wassern.

Die blauen Pferde tränkte er mit blauen Wassern ...

Zwei Nixen beobachteten ihn. Da es nirgends auf der Welt einen Mann gab, der edler und prächtiger aussah als er, dachten sie: »Wir müssen versuchen, ihn zu unserem Geliebten, zu unserem Lebensgefährten zu machen. Wir wollen ihn darum bitten!«

Die Nixen begaben sich in die Nähe des Weltkaufmanns und erhoben ihre Stimme:

> »Peme hung
> Tauschst du des Hauptes kleinen Hut?
> Peme hung
> Tauschst du der Taille kleinen Gürtel?
> Peme hung
> Tauschst du der Füße kleine Stiefel?
> Peme hung
> Tauschst du des Körpers kleinen Lammfellmantel?
> Peme hung«

»Wir sind darauf angewiesen, heute ein paar Geschäfte zu machen«, fügten sie hinzu.

Der Kaufmann antwortete:

»Peme hung
Des Hauptes kleinen Hut tausche ich nicht!
Peme hung
Der Taille kleinen Gürtel tausche ich nicht!
Peme hung
Der Füße kleine Stiefel tausche ich nicht!
Peme hung
Des Körpers kleinen Lammfellmantel tausche ich
nicht!
Peme hung«

Die Nixen:

»Peme hung
Wenn du nicht tauschst des Hauptes kleinen Hut,
Peme hung
Willst du dann unser Geliebter für ein Leben sein?
Peme hung«

Der Kaufmann:

> »Peme hung
> Des Hauptes kleinen Hut tausche ich nicht!
> Peme hung
> Nicht für ein einzig' Leben will ich euer Geliebter
> sein!
> Peme hung
> Unverblümt seid ihr dreisten Mädchen!
> Peme hung
> Furchterregend seid ihr dreisten Mädchen!
> Peme hung
> In unserem Land, unserem Vaterland,
> Peme hung
> gibt es schönere Mädchen als euch!
> Peme hung
> In unserem Land, unserem Vaterland,
> Peme hung
> gibt es klügere Mädchen als euch!
> Peme hung«

Da wurden die Nixen traurig. Sie sangen:

> »Peme hung
> Wenn du nicht für ein einzig' Leben unser Gelieb-
> ter sein magst,
> Peme hung
> magst du dann für ein einzig' Jahr der Unsre sein?
> Peme hung«

Der Kaufmann:

> »Peme hung
> Nicht ein einzig' Jahr will ich euer Geliebter sein!
> Peme hung
> Unverblümt seid ihr dreisten Mädchen!
> Peme hung
> Furchterregend seid ihr dreisten Mädchen!
> Peme hung
> In unserem Land, unserem Vaterland,

Peme hung
gibt es schönere Mädchen als euch!
Peme hung
In unserem Land, unserem Vaterland,
Peme hung
gibt es klügere Mädchen als euch!
Peme hung«

Die Nixen:

»Peme hung
Wenn du nicht für ein einzig' Jahr unser Geliebter
sein magst,
Peme hung
magst du dann für einen Monat der Unsre sein?
Peme hung«

Der Kaufmann:

»Peme hung
Nicht einen Monat will ich euer Geliebter sein!
Peme hung
Unverblümt seid ihr dreisten Mädchen!
Peme hung
Furchterregend seid ihr dreisten Mädchen!
Peme hung
In unserem Land, unserem Vaterland,
Peme hung
gibt es schönere Mädchen als euch!
Peme hung
In unserem Land, unserem Vaterland,
Peme hung
gibt es klügere Mädchen als euch!
Peme hung«

Die Nixen:

»Peme hung
Wenn du nicht für einen Monat unser Geliebter sein
magst,

Peme hung
magst du dann für einen einzigen Tag der Unsre
sein?
Peme hung«

Der Kaufmann:

»Peme hung
Nicht einen einzigen Tag will ich euer Geliebter
sein!
Peme hung
Unverblümt seid ihr dreisten Mädchen!
Peme hung
Furchterregend seid ihr dreisten Mädchen!
Peme hung
In unserem Land, unserem Vaterland,
Peme hung
gibt es schönere Mädchen als euch!
Peme hung
In unserem Land, unserem Vaterland,
Peme hung
gibt es klügere Mädchen als euch!
Peme hung«

Tieftraurig stahlen sich die zwei Nixen davon.
Der Weltkaufmann ging zurück zu seinen Begleitern. Sie
kochten und tranken Tee und ruhten sich aus.
Nach einiger Zeit dachte er: »Ich muß noch einmal die
Pferde tränken gehen« und ging zum Seeufer.
In der Gegend gab es nun die Menschenfresserin Rotge-
sicht. Sie hatte die Sehnsüchte der Nixen wohl bemerkt. Sie
sprach zu ihnen:
»Übergebt eure gesamte Ausstattung mir! Ich werde euch
den Weltkaufmann als Bräutigam holen!«
Die Nixen gaben der Menschenfresserin Rotgesicht ihre
Kleider, ihren Schmuck und alles, was sie bei sich trugen.
Diese kleidete sich um und eilte davon. Am Ufer des Sees
angekommen, sang sie:

»Peme hung
Tauschst du des Hauptes kleinen Hut?
Peme hung
Tauschst du der Taille kleinen Gürtel?
Peme hung
Tauschst du der Füße kleine Stiefel?
Peme hung
Tauschst du des Körpers kleinen Lammfellman-
tel?
Peme hung«

Der Kaufmann antwortete:

»Peme hung
Des Hauptes kleinen Hut tausche ich nicht!
Peme hung
Der Taille kleinen Gürtel tausche ich nicht!
Peme hung
Der Füße kleine Stiefel tausche ich nicht!
Peme hung
Des Körpers kleinen Lammfellmantel tausche ich
nicht!
Peme hung«

Die Menschenfresserin:

»Peme hung
Wenn du nicht tauschst des Hauptes kleinen Hut,
Peme hung
willst du dann mein Geliebter für ein Leben sein?
Peme hung«

Der Kaufmann:

»Peme hung
Des Kopfes kleinen Hut tausche ich nicht!
Peme hung
Nicht ein einzig' Leben will ich dein Geliebter
sein!

Peme hung
Unverblümt seid ihr dreisten Mädchen!
Peme hung
Furchterregend seid ihr dreisten Mädchen!
Peme hung
In unserem Land, unserem Vaterland,
Peme hung
gibt es schönere Mädchen als euch!
Peme hung
In unserem Land, unserem Vaterland
Peme hung
gibt es klügere Mädchen als euch!
Peme hung«

Die Menschenfresserin:

»Peme hung
Tauschst du des Körpers kleinen Lammfellmantel?
Peme hung
Wenn du nicht tauschst des Körpers kleinen Lamm-
fellmantel,
Peme hung
magst du dann für ein einzig' Jahr der Meine sein?
Peme hung«

Der Kaufmann:

»Peme hung
Des Körpers kleinen Lammfellmantel tausche ich
nicht!
Peme hung
Nicht ein einzig' Jahr will ich dein Geliebter sein!
Peme hung
Unverblümt seid ihr dreisten Mädchen!
Peme hung
Furchterregend seid ihr dreisten Mädchen!
Peme hung
In unserem Land, unserem Vaterland,

Peme hung
gibt es schönere Mädchen als euch!
Peme hung
In unserem Land, unserem Vaterland
Peme hung
gibt es klügere Mädchen als euch!
Peme hung«

Die Menschenfresserin:

»Peme hung
Tauschst du der Taille kleinen Gürtel?
Peme hung
Wenn du nicht tauschst der Taille kleinen Gürtel,
Peme hung
magst du dann für einen Monat der Meine sein?
Peme hung«

Der Kaufmann:

»Peme hung
Der Taille kleinen Gürtel tausche ich nicht!
Peme hung
Nicht einen Monat will ich dein Geliebter sein!
Peme hung
Unverblümt seid ihr dreisten Mädchen!
Peme hung
Furchterregend seid ihr dreisten Mädchen!
Peme hung
In unserem Land, unserem Vaterland,
Peme hung
gibt es schönere Mädchen als euch!
Peme hung
In unserem Land, unserem Vaterland
Peme hung
gibt es klügere Mädchen als euch!
Peme hung«

Die Menschenfresserin:

>>Peme hung
Tauschst du der Füße kleine Stiefel?
Peme hung
Wenn du nicht tauschst der Füße kleine Stiefel,
Peme hung
magst du dann für einen einzigen Tag der Meine sein?<<

Der Kaufmann:

>>Peme hung
Der Füße kleine Stiefel tausche ich nicht!
Peme hung
Nicht einen einz'gen Tag will ich dein Geliebter
sein!
Peme hung
Unverblümt seid ihr dreisten Mädchen!
Peme hung
Furchterregend seid ihr dreisten Mädchen!
Peme hung
In unserem Land, unserem Vaterland
Peme hung
gibt es schönere Mädchen als euch!
Peme hung
In unserem Land, unserem Vaterland
Peme hung
gibt es klügere Mädchen als euch!
Peme hung<<

>>Oh ...<<, sprach die Menschenfresserin Rotgesicht; >>oh,
wenn das so ist, dann gib mir wenigstens ein klein wenig
Tsampa!<<
Er gab ihr Tsampa ... Im Nu war er nur noch ein bleiches
Skelett.
Nach einiger Zeit kamen die anderen Kaufleute, um nach
ihm zu schauen. Doch sie fanden nichts als ein bleiches
Skelett. Der Weltkaufmann existierte nicht mehr. Nach den
Maßstäben der irdischen Welt war er nichts als ein Leich-

nam. Menschenfresserin Rotgesicht hatte ihn in die Unterwelt der Wassergeister entführt.

Schwester Freude hatte unterdessen einen Traum, der ihr
sagte, daß dem Weltkaufmann etwas zugestoßen war.

Als sie erfuhr, die Handelskarawane sei auf dem Rückweg,
da ging sie ihr ein Stück weit entgegen. Sie dämpfte Teigkugeln und hielt Tchang bereit, den sie mit Nektar angefüllt
hatte.

Mit einem Willkommensgesang begrüßte sie die Leute der
ersten Karawanenabteilung:

>Peme hung
Ihr Treiber der ersten Abteilung!
Peme hung
Waren die Geschäfte gut?
Peme hung
War die Farbe des Tees gut?
Peme hung
Erzieltet ihr hohe Preise?
Peme hung

Gingt ihr alle Wege gemeinsam?
Peme hung
Weiltet ihr an allen Plätzen gemeinsam?
Peme hung«

Und als sie nahe herangekommen waren, fragte sie: »Ist
etwas passiert? Ist ihm etwas zugestoßen?«
»Wir wissen es nicht«, antworteten schroff die Treiber.
Und sie sangen:

«Peme hung
Deine Teigkugeln brauchen wir nicht!
Peme hung
Deinen Erstlingstchangnektar brauchen wir nicht!
Peme hung
Wir gingen nicht zusammen!
Peme hung
Wir weilten nicht zusammen!
Peme hung
Hohe Preise erzielten wir!
Peme hung
Die Farbe des Tees war gut!
Peme hung«

»Ob dem Kaufmann etwas zugestoßen oder nicht, wir
wissen es nicht«, sagten sie noch einmal und zogen weiter.
Die zweite Karawanenabteilung nahte. Unter den Leuten
befand sich ein glatzköpfiger Mönch.
Schwester Freude sang:

»Peme hung
Ihr lieben Kaufleute, seid ihr wohlauf?
Peme hung
Waren die Geschäfte gut?
Peme hung
War die Farbe des Tees gut?
Peme hung
Erzieltet ihr hohe Preise?
Peme hung

Gingt ihr alle Wege gemeinsam?
Peme hung
Weiltet ihr an allen Plätzen gemeinsam?
Peme hung
Wo, wo befindet sich der Weltkaufmann?
Peme hung«

Die Karawanenleute antworteten:

»Peme hung
Deine Teigkugeln brauchen wir nicht!
Peme hung
Deinen Erstlingstchangnektar brauchen wir nicht!
Peme hung
Wir gingen nicht zusammen!
Peme hung
Wir weilten nicht zusammen!
Peme hung
Hohe Preise erzielten wir!
Peme hung
Die Farbe des Tees war gut!
Peme hung«

Die letzte Abteilung der Karawane nahte. Schwester Freude hielt Tchang und Nektar bereit. Sie dämpfte Teigkugeln. Sie mischte sich unter die Leute der letzten Karawanenabteilung und sang ihren Willkommensgruß:

»Peme hung
Ihr lieben Kaufleute, seid ihr wohlauf?
Peme hung
Waren die Geschäfte gut?
Peme hung
War die Farbe des Tees gut?
Peme hung
Erzieltet ihr hohe Preise?
Peme hung
Gingt ihr alle Wege gemeinsam?
Peme hung

Weiltet ihr an allen Plätzen gemeinsam?
Peme hung
Wo, wo befindet sich der Weltkaufmann?
Peme hung
Eßt von den Teigkugeln!
Peme hung
Trinkt von dem Erstlingstchangnektar!
Peme hung«

Oh, diese Leute schnippten mit den Fingerspitzen Tchang-opfertropfen hoch in die Luft.
Sie aßen von den Teigkugeln und sprachen:
»Gute Preise erzielten wir.
Gut war die Farbe des Tees.
Die erste Karawanenabteilung ging stets voran.
Die mittlere folgte in der Mitte.
Wir bildeten stets die letzte Abteilung der Karawane.
Die anderen werden dir vielleicht allerlei erzählt haben, doch wir wollen es nicht vor dir verheimlichen... Dem Weltkaufmann ist ein Unglück widerfahren. Menschenfresserin Rotgesicht hat ihn in das untere Reich der Wassergeister entführt...«
Schwester Freude schwang sich auf das Pferd, das an einem Tag die Welt zu durchstreifen vermag. So im Flug ritt sie nach Hause zurück, eilte in ihr Wohngemach, ergriff den weißen und den schwarzen Spiegel und galoppierte zum Seeufer.
Vom Ufer aus lauschte sie in die Tiefe des Sees.
Die zwei Nixen hatten ihr Versprechen, den Weltkaufmann zu ihrem Bräutigam zu machen, nicht gehalten. Sie hatten ihn zu ihrem Diener, zu ihrem Hundeknecht gemacht. Die Hunde hatte er zu füttern.
Schwester Freude lauschte. Vom Ufer aus lauschte und schaute sie in die Tiefen des Sees.
Sie sah, wie jemand den Hunden Hundebrei fütterte.
Sie sah einen schwarzen, weißbrüstigen Gotteshund. Ihm reichte er zu allererst den Hundebrei dar.

Schwester Freude vernahm eine Stimme:

»Peme hung
Aus dem gereinigten Goldeimer schlecke deinen
goldenen Hundebrei!
Peme hung
Aus dem gereinigten Silbereimer schlecke deinen
silbernen Hundebrei!
Peme hung
Du schwarzer, weißbrüstiger Gotteshund,
Peme hung
komme als erster, deinen Brei zu schlecken!
Peme hung
Die Reste füttere ich den gewöhnlichen Hunden!
Peme hung«

So rief der Weltkaufmann die Hunde herbei.
Schwester Freude hörte es und dachte: »Ist er's? Ist er's
nicht? Die Stimme klingt trauriger als die seine. Oder ist er's
doch?« Und wieder lauschte sie.

»Peme hung
Aus dem gereinigten Goldeimer schlecke deinen
goldenen Hundebrei!
Peme hung
Aus dem gereinigten Silbereimer schlecke deinen
silbernen Hundebrei!
Peme hung
Du schwarzer, weißbrünstiger Gotteshund,
Peme hung
komme als erster, deinen Brei zu schlecken!
Peme hung
Die Reste füttere ich den gewöhnlichen Hunden!
Peme hung«

»Tatsächlich, er ist es! Diese Stimme klingt ganz wie die
seine!« dachte Schwester Freude.
Hinunterschauend in die Tiefen des Sees, sang sie:

»Kaufmann, Kaufmann!

Hochschauend erblickst du da eine Lebende?
Kaufmann, Kaufmann!
Herunterschauend erblicke ich einen Toten!
Kaufmann, Kaufmann!«

»Was wird da gesagt?« dachte der Kaufmann und horchte
auf.
Wieder hörte er:

»Kaufmann, Kaufmann!
Hochschauend erblickst du da eine Lebende?
Kaufmann, Kaufmann!
Herunterschauend erblicke ich einen Toten!
Kaufmann, Kaufmann!«

Der Kaufmann:

»Freude, Freude!
Hochschauend sehe ich keine Lebende!
Freude, Freude!
Sicherlich, herunterschauend siehst du einen Toten!
Freude, Freude!«

Schwester Freude:

»Kaufmann, Kaufmann!
Wenn du hochschauend keine Lebende siehst ...!
Kaufmann, Kaufmann!
Wenn es tatsächlich ein Toter ist, den ich sehe ...!
Kaufmann, Kaufmann!

Kaufmann, Kaufmann!
Dreizehn Kinder sind uns vom Schicksal bestimmt!
Kaufmann, Kaufmann!
Ist dein Herz nicht bei ihnen? Wo, wo ist es?
Kaufmann, Kaufmann!«

Der Kaufmann:

»Freude, Freude!
Dreizehn Kinder sind uns vom Schicksal bestimmt!

Freude, Freude!
Es ist nicht so, daß ich sie vergaß!
Freude, Freude!
Es ist mein Karma aus früheren Leben!
Freude, Freude!«

Schwester Freude:

»Kaufmann, Kaufmann!
Dreizehn Kinder sind uns vom Schicksal be-
stimmt!
Kaufmann, Kaufmann!
Wenn es so ist, daß du sie nicht vergaßt ...
Kaufmann, Kaufmann!
Ich selbst bin eine Inkarnation der weißen Tara!
Kaufmann, Kaufmann!
Bete! Lasse deinen Geist nicht abschweifen!
Kaufmann, Kaufmann!«

Nun betete der Kaufmann inständig zu der heiligen Tara.
Und während er betete, ließ sie den schwarzen Spiegel
erstrahlen, ließ sie den weißen Spiegel erstrahlen, und sogleich war der See nurmehr eine Wüste grauweißen Geröllgesteins.

Die Nixen, ihrem Element entrissen, schrien: »Ich trockne aus! Ich werde hart! Ich werde ohnmächtig! Ich sterbe!«

»Gebt ihr den Weltkaufmann zurück oder nicht?« fragte Schwester Freude.

»Wir geben ihn zurück, wir geben ihn zurück!« riefen alle wie aus einem Munde.

Und sogleich gaben sie ihn zurück. Sie richteten ihn her, wie er zuvor gewesen, und gaben ihn zurück.

Schwester Freude ließ ihren schwarzen Spiegel, ließ ihren weißen Spiegel erstrahlen, und der See erhielt sein früheres Aussehen zurück.

Schwester Freude segnete das Land der Wassergeister und wünschte ihm Wohlergehen.

Auf dem Pferd, das an einem Tag die Welt zu durchmessen vermag, ritten Schwester Freude und der Weltkaufmann, einer hinter dem anderen sitzend, in die Heimat zurück.

Der doppelte Regenbogen

Es gab einmal einen Kaufmann mit dem Namen Norbu Sangpo.

Der Kaufmann war mit seiner Handelskarawane unterwegs.

Eines Tages schlug er seine Zelte in der Nähe eines Anwesens auf. Die Familie dieses Anwesens verkaufte dem Kaufmann Gras für seine Pferde und Maulesel. Außerdem versorgte sie ihn täglich mit Milch für seinen Tee. Die Familie schickte jeweils die Tochter, ihm die Milch zu bringen. Jeden Tag brachte das Mädchen dem Kaufmann die Milch.

Der Kaufmann und das Mädchen verliebten sich ineinander. Sie waren unbeschreiblich ineinander verliebt.

Eines Tages sprach der Kaufmann zu dem Mädchen: »Mädchen, bleibe bitte für eine Nacht bei mir!«

Das Mädchen blieb. Sie blieb über Nacht.

An jenem Abend sprach der Vater des Mädchens: »Die Tochter ist nicht nach Hause gekommen!« und hielt nach ihr Ausschau.

Die ganze Familie war beunruhigt. Der Sohn hielt nach ihr Ausschau. Die Schwiegertochter hielt nach ihr Ausschau. Die Mutter hielt nach ihr Ausschau. Das Mädchen kam nicht. An jenem Abend kam das Mädchen nicht nach Hause.

Da wurde der Vater wütend, der Zorn packte ihn; er schimpfte: »Du wirst etwas erleben! Warte nur! Einfach nicht nach Hause zu kommen! Verprügeln werde ich dich! Windelweich schlagen werde ich dich! Totschlagen werde ich dich!« und der Vater wetzte die Axt.

Auch die Mutter und die Schwiegertochter schimpften: »Warte! Du wirst schon sehen!«

Während die anderen nach ihr Ausschau hielten, weilte das Mädchen glücklich bei ihrem Kaufmann.

Der Kaufmann überreichte dem Mädchen eine goldene Buddhastatue, in der sechs wertvolle Edelsteine eingelassen waren. Er sprach:

»Gib dies dem Vater!« An die Statue heftete er den Namen des Vaters.

Er überreichte ihr eine türkisene Statue der Tara und sprach:

»Gib dies der Mutter!« An die Statue heftete er den Namen der Mutter.

Er überreichte ihr einen Beutel voller Korallen und sprach:

»Gib dies der Schwiegertochter des Hauses!« An das Korallensäckchen heftete er den Namen der Schwiegertochter.

Er überreichte ihr einen großen, runden Onyx und sprach:

»Gibt dies dem Sohn des Hauses!« An den Edelstein heftete er den Namen des Sohnes.

Das Mädchen steckte all die Kostbarkeiten in die Brusttaschen ihres weiten Gewandes.

Als sie am folgenden Morgen nach Hause kam, kam ihr die Schwägerin entgegen, die auf dem Wege war, Wasser zu holen.

Das Mädchen rief: »Schwägerin, ist in unserer Familie alles wohlauf?«

Die Schwägerin schimpfte: »Ach du, was kümmert es dich, wie es uns ergeht? Was willst du noch? Kein Wasser ist geholt! Alles muß man alleine machen! Abplagen muß man sich! Von dir ist nichts zu sehen und zu hören!«

Und sie schlug mit ihrem Wasserbottich so lange auf das Mädchen ein, bis dieser zerbrach.

Das Mädchen ging weiter. Da kam ihr die Mutter entgegen, die auf dem Wege war, die Kühe zu melken.

Das Mädchen rief: »Mutter, ist in unserer Familie alles wohlauf?«

»Ach du«, schimpfte die Mutter, »was kümmert es dich, wie es uns ergeht? Was willst du noch? Nichts sieht man von dir! Nichts hört man von dir! Die Kühe sind nicht gemolken! Alles muß man alleine machen! Abplagen muß man sich!«

Und sie schlug so lange mit ihrem Melkeimer auf das
Mädchen ein, bis dieser zerbrach.

Das Mädchen ging weiter. Da kam der Bruder ihr entgegen.

»O Bruder«, rief sie, »ist in unserer Familie alles wohlauf?«

Der Bruder antwortete: »Nun, in der Familie ist alles
wohlauf; doch der Vater ist ganz schrecklich böse auf dich!
Es wird was geben! Er sagt, er will dich totschlagen! Er ist
dabei, die Axt zu schleifen! Du wirst wohl was erleben!«

»Ach geh'«, sprach das Mädchen, »er wird mich doch nicht
totschlagen! Mag sein, daß er mich ein bißchen verhaut! Er
ist doch mein Vater, und er ist gütig. Er wird mich doch
nicht totschlagen!«

Das Mädchen ging weiter. Da kam der Vater ihr entgegen.

»Vater«, rief das Mädchen, »ist in unserer Familie alles
wohlauf?«

»O du ...!« schimpfte der Vater, »was kümmert es dich, wie
es uns ergeht? Was willst du noch? Nichts hört man von dir!
Nichts sieht man von dir! Die Arbeit bleibt liegen! Wir alle
schuften und plagen uns ab! Von dir ist nichts zu sehen und
zu hören!«

Und der Vater schwang die Axt.

Da rief das Mädchen: »Vater! Töte mich nicht! Ich werde
dir von Nutzen sein! Töte mich nicht!«

»Du Unglückstifterin! Du von allen bösen Geistern Besessene! Was soll denn noch auf uns zukommen? Totschlagen werde ich dich!« Und wieder schwang er die Axt.

Im Angesicht des Todes stieß das Mädchen ein Wunschgebet hervor:

»Vater, wenn du mich totschlägst und meinen Leichnam anhebst, so soll es sein, als ob du nach Erde greifst.

Wenn die Mutter mich anhebt, so soll es sein, als ob sie nach Felsen greift.

Wenn die Schwägerin mich anhebt, so soll es sein, als ob sie nach Wasser greift.

Wenn der Bruder mich anhebt, werde ich mich leicht in die Lüfte erheben.«

Das Mädchen war eine Göttin. Der Vater war ein Dämon. Und da er ein Dämon war, schlug er das Mädchen tot.

Nachdem das Mädchen gestorben war, untersuchten sie den Inhalt ihres weiten Gewandes.

Sie fanden die goldene Buddhastatue, besetzt mit sechs Edelsteinen. Darauf stand: »Für den Vater!«

Sie fanden die türkisene Statue der Tara. Darauf stand: »Für die Mutter!«

Sie fanden den Beutel voller Korallen. Darauf stand: »Für die Schwiegertochter!«

Sie fanden den großen, runden Onyx. Darauf stand: »Für den Sohn!«

Nun sagten alle: »Es war nicht recht, sie zu töten! Der Kaufmann und das Mädchen waren wirklich ineinander verliebt. Sie waren wie Mann und Frau. Es war nicht richtig, sie zu töten.« Sie bereuten bitterlich.

War es nicht so, daß das Mädchen ein Stoßgebet gesprochen?

»Wenn ich tot bin und der Vater mich anhebt, wird es sein, als ob er nach Erde greift.

Wenn ich tot bin und die Mutter mich anhebt, wird es sein, als ob sie nach Felsen greift.

Wenn ich tot bin und die Schwägerin mich anhebt, wird es sein, als ob sie nach Wasser greift.

Wenn ich tot bin und der Bruder mich anhebt, werde ich
mich leicht in die Lüfte erheben.«

Als nun der Vater sie anheben wollte, da war es, als ob er
nach Erde greife. Er vermochte sie nicht hochzuheben.

Als die Mutter sie anheben wollte, da war es, als ob sie nach
Felsen greife. Sie vermochte das Mädchen nicht hochzuheben.

Als die Schwägerin sie anheben wollte, da war es, als ob sie
nach Wasser greife. Sie vermochte den Leichnam des Mädchens nicht hochzuheben.

Da sprach der Vater: »Sohn, hebe du sie hoch!«

Doch der Sohn antwortete: »Warum nur hast du sie getötet?
Sie zu töten, gab es keinen Grund! Völlig sinnlos war es!
Warum hast du sie getötet? Nun mußt du auch die Konse-
quenzen tragen! Ich werde sie nicht hochheben!«

Der Sohn verweigerte seine Hilfe.

Doch alle flehten ihn an; schließlich gab er nach und half.

Als nun der Bruder das Mädchen anhob, da erhob sie sich
leicht in die Lüfte.

Sodann gingen sie heim.

»Morgen früh werden wir die Schwiegertochter anstelle der
Tochter schicken, dem Kaufmann die Milch zu bringen«,
beratschlagten sie.

Am folgenden Morgen bekleideten sie die Schwiegertochter
mit den Kleidern und dem Schmuck der Tochter und

schickten sie mit einem Bündel Gras und einem Krug Milch zu dem Kaufmann.

Am Zelt des Kaufmanns angekommen, rief sie: »Kaufmann, wo soll ich eintreten?«

Der Kaufmann rief zurück: »Komme herein, wo du immer hereinkommst!«

Da trat sie von der Rückseite des Zeltes herein, dort wo die Zeltbahnen sich treffen.

»Was macht sie bloß?« dachte der Kaufmann. »Ich habe gesagt, sie soll da hereinkommen, wo sie immer hereinkommt, und nun zwängt sie sich zwischen den Zeltbahnen hindurch. Nie ist das Mädchen durch die Rückseite des Zeltes eingetreten!«

Die Schwiegertochter – nun im Zelt – fragte: »O Kaufmann, wo soll ich mich hinsetzen?«

»Mädchen! Setz dich da hin, wo du dich immer hinsetzt!«

Da ließ sie sich, flatsch, auf das Kopfkissen des Kaufmanns plumpsen.

»Was ist nur los mit ihr?« dachte der Kaufmann. »Nie hat das Mädchen dergleichen getan! Was macht sie bloß?!«

Nun fragte die Schwiegertochter: »O Kaufmann, woraus soll ich trinken?«

»Ei Mädchen! Trinke, woraus du immer trinkst!«

Daraufhin nahm sie die Trinkschale des Kaufmanns und, schwapp-schwapp, trank daraus.

»Nie hat sie das getan!« dachte der Kaufmann. »Was ist bloß los mit dem Mädchen?« Die Stirn in Falten gelegt, schaute er sie aus den Augenwinkeln heraus mißmutig an.

Die Schwiegertochter fühlte sich ertappt. Angst überkam sie. Sie sprang auf und stürzte zur Tür hinaus.

»Was sie nur hat?« dachte der Kaufmann, erhob sich und eilte ihr nach.

Die Schwiegertochter, in ihrer panischen Angst, dachte nur an Flucht. Sie achtete nicht der Hindernisse. Keine Zeit sich zu bücken, keine Zeit sich zu strecken, rammte sie ihre Nase in eines der Zelttaue. Tief klaffte die Wunde ...

Ohne sich noch einmal umzuschauen, stürmte sie davon.

– Auf ihrem Fluchtweg wuchs von nun an kein Gras mehr –.

»Was sie nur hat?« dachte der Kaufmann. »Ich werde aufbrechen müssen. Nun hat es keinen Sinn mehr für mich zu bleiben. Was ist nur mit dem Mädchen? Oder war es vielleicht gar nicht das Mädchen?«

Weiter vor sich hin grübelnd, begann er die Maultiere zu beladen. Er brach seine Zelte ab und belud die Maultiere. In der Hoffnung, das Mädchen werde kommen, hielt er, als alles zum Aufbruch bereit war, noch einmal nach ihr Ausschau; doch von dem Mädchen war nichts zu sehen.

Er ließ die beladenen Maultiere aus ihren Einfriedungen.

Als die ersten Maultiere schon auf dem Paßkopf waren, als die mittleren Maultiere auf halber Höhe des Passes und die letzten Maultiere noch aus ihren Pirks heraustraten, da hielt der Kaufmann immer noch Ausschau nach seinem Mädchen. Er konnte sich nicht entscheiden zu gehen.

Die ersten Maultiere waren bereits auf dem Paß, die mittleren waren am Paßkopf, die letzten trotteten vom Fuße des Passes her langsam nach.

Immer noch verharrte der Kaufmann. Immer noch hielt er Ausschau.
Plötzlich umspannte ein Regenbogen das Firmament. Schriftzeichen erschienen in dem Regenbogen.
Er las:

>»Peme hung
Das Mädchen ist nicht unsterblich. Das Mädchen ist tot!
Peme hung
Es hat sich in die reinen Farben des Regenbogens verflüchtigt.

Peme hung
Kaufmann, verharre nicht! Kaufmann, geh!
Peme hung
Die ersten Maultiere sind hoch oben auf des Passes Spitze!
Peme hung
Die mittleren Maultiere sind bereits am Paßkopf!
Peme hung
Die letzten Maultiere sind am Fuße des Passes!
Peme hung
Kaufmann, verharre nicht! Kaufmann, gehe!
Peme hung
In die reinen Farben des Regenbogens hat es sich verflüchtigt!
Peme hung
Das Mädchen ist nicht unsterblich! Das Mädchen ist tot!
Peme hung«

Wie angewurzelt stand der Kaufmann. Tränen rollten über seine Wangen.
»Kann das sein? War das wirklich das Mädchen? Ist sie tot? Was wohl geschehen sein mag? Ist es auch Wirklichkeit? Habe ich den Regenbogen gesehen? Habe ich die Schriftzeichen gesehen?«

Immer noch rührte sich der Kaufmann nicht von der Stelle.
Wieder hielt er Ausschau.
Wieder erblickte er den Regenbogen.

> »Peme hung
> Kaufmann, verharre nicht! Kaufmann geh!
> Peme hung
> Die ersten Maultiere sind auf der anderen Seite des
> Passes!
> Peme hung
> Die mittleren Maultiere sind hoch oben auf des
> Passes Spitze!
> Peme hung
> Die letzten Maultiere sind auf dieser Seite des Pas-
> ses!
> Peme hung
> Kaufmann, verharre nicht! Kaufmann, geh!
> Peme hung
> Das Mädchen ist nicht unsterblich! Das Mädchen ist
> tot!
> Peme hung
> In die reinen Farben des Regenbogens hat es sich
> verflüchtigt.
> Peme hung«

Der Kaufmann ließ seinen Gefühlen freien Lauf. Er weinte,
weinte, weinte. Weinend hielt er weiterhin Ausschau. Während er stand und in die Ferne schaute, hatten die letzten
Maultiere bereits die Paßspitze erreicht. Die ersten und
mittleren Maultiere stiegen auf der anderen Seite des Passes
hinab.
Wieder las er die Schriftzeichen im Regenbogen:

> »Peme hung
> Kaufmann, warte nicht! Kaufmann geh!
> Peme hung
> Das Mädchen ist nicht unsterblich! Das Mädchen ist
> tot!
> Peme hung

In die reinen Farben des Regenbogens hat es sich
verflüchtigt!
Peme hung
Die ersten und mittleren Maultiere sind auf der
anderen Seite des Passes!
Peme hung
Die letzten Maultiere sind hoch oben auf dem
Paß!
Peme hung
Kaufmann, verharre nicht! Kaufmann geh!
Peme hung
Das Mädchen ist nicht unsterblich! Das Mädchen ist
tot!
Peme hung
In die reinen Farben des Regenbogens hat es sich
verflüchtigt.
Peme hung
In diesem Leben, in diesem Lande, werden wir uns
nicht mehr wiedersehen!
Peme hung
Im nächsten Leben werden wir uns in diesem Lande
wiedersehen!
Peme hung«

Nun machte sich der Kaufmann auf den Weg. Weinend
folgte er seiner Karawane. Er ging in das obere Yalong-Tal
und errichtete dort sein Zeltlager. Der Regenbogen war ihm
nachgefolgt. Wohin er auch ging, der Regenbogen verließ
ihn nicht.
Da das Mädchen eine Göttin war, hatte sie sich in einen
Regenbogen zu verwandeln vermocht. Und nun gewährte
sie dem Kaufmann himmlische Führung; sie holte ihn zu
sich. Er starb. Auch er erlangte einen Regenbogenkörper.
Nun erschienen zwei Regenbogen am Firmament, einer
über dem anderen.
Sie selbst prophezeite: »In diesem Leben, in diesem Lande,
werden wir uns nicht mehr wiedersehen.

Im nächsten Leben werden wir uns in diesem Lande wiedersehen!«
Noch heute treffen sie sich als Regenbogen am Firmament.
Das ist der Grund, warum von Zeit zu Zeit zwei Regenbogen am Himmel erscheinen – so sagt man.

Die eingeschlossene Braut

Es gab einmal eine Familie mit sieben Söhnen und einer
Tochter. Die sieben Söhne betätigten sich als Kaufleute.
Eines Tages bat das Mädchen die Brüder, sie auf einer
Handelsreise begleiten zu dürfen. Die Brüder hatten nichts
einzuwenden; so kam sie mit.
Mit sieben Pferden und Mauleseln zogen sie los.
Eines Abends schlugen sie in der Nähe des mächtigen
Kaufmanns Wangla ihr Lager auf. Die sieben Pferde und
Maulesel brannten durch, in die Felder. Die Bediensteten

des mächtigen Kaufmanns fingen die sieben Pferde und Maulesel ein.

Damit der Kaufmann ihnen keinen Groll entgegenbringe, beschließen die Brüder, ihm Geschenke zu überreichen, mit der Bitte, die sieben Pferde und Maulesel zurückzugeben.

Der älteste der Brüder macht sich mit einem Teller voll Goldstaub auf den Weg und bittet:

> »Peme hung
> Bitte, gib die sieben Pferde und Maulesel zurück!
> Peme hung
> Einen vollen Teller Goldstaub reichen wir dir dar.
> Peme hung«

Der Kaufmann antwortet:

> »Peme hung
> Den vollen Teller Goldstaub brauche ich nicht!
> Peme hung
> Die sieben Pferde und Maulesel gebe ich nicht zurück!
> Peme hung«

Der mittlere der Brüder geht und bittet:

> »Peme hung
> Bitte, gib die sieben Pferde und Maulesel zurück!
> Peme hung
> Einen vollen Teller Muschelstaub reichen wir dir dar.
> Peme hung«

Der mächtige Kaufmann antwortet:

> »Peme hung
> Die sieben Pferde und Maulesel gebe ich nicht zurück!
> Peme hung
> Den vollen Teller Muschelstaub brauche ich nicht!

Peme hung
Dort steht ein Tchörten aus weißen Muscheln, von
selbst entstanden!
Peme hung«

Der jüngste der Brüder geht und bittet:

»Peme hung
Bitte, gib die sieben Pferde und Maulesel zurück!
Peme hung
Einen vollen Teller Silberstaub reichen wir dir
dar!
Peme hung«

Doch der mächtige Kaufmann antwortet:

»Peme hung
Den vollen Teller Silberstaub brauche ich nicht!
Peme hung
Dort steht ein Tchörten aus weißem Silber; er be-
rührt das Firmament.
Peme hung
Die sieben Pferde und Maulesel gebe ich nicht zu-
rück!
Peme hung«

»Ist das nicht eure Schwester?« fragt nun Wangla, der
Kaufmann. »Wenn ihr mir eure Schwester gebt, gebe ich
euch die sieben Pferde und Maulesel zurück. Gebt ihr sie
mir nicht, gebe ich die sieben Pferde und Maultiere nicht
zurück!«
Die Brüder willigen ein. Sie erhalten die sieben Pferde und
Maulesel zurück.
Dem Mädchen – Tharze Jüdrun ist ihr Name – wird erlaubt,
die Brüder auf ihrer Geschäftsreise weiter zu begleiten. Als
sie alle Geschäfte erledigt haben und, auf dem Rückweg,
wieder in der Nähe des mächtigen Kaufmanns Wangla ihr
Zeltlager aufschlagen, da entscheidet Wangla, daß Tharze
Jüdrun von nun an in seiner Familie zu bleiben habe.

Drei Tage verbringt sie noch im Zeltlager ihrer Brüder. Am dritten Tag bringen die Brüder sie in die Familie des Kaufmanns Wangla, wo sie nun bleibt.

Kurze Zeit danach geht der Kaufmann Wangla auf Handelsreise nach Thartsendo in China. Mit dem Mädchen zurück im Haus bleiben die drei Schwestern des Kaufmanns: Goldsee, Silbersee und Muschelsee.

Während der Kaufmann auf Handelsreise ist, sperren die Schwestern Goldsee und Silbersee das Mädchen in die Abstellkammer ein.

Muschelsee versorgt Tharze Jüdrun durch ein winziges Mauerloch mit Essen. Durch einen Strohhalm gibt sie ihr Wasser zu trinken.

Eines Tages kommen drei Wölfe des Weges.
Muschelsee ruft ihnen zu:

> »Peme hung
> Ihr, Wölfe dort drüben!
> Peme hung
> Von wo seid ihr heute morgen aufgebrochen?
> Peme hung
> Wo gedenkt ihr heute abend anzukommen?
> Peme hung

Die Wölfe antworten:

> »Peme hung
> Heute morgen sind wir von Lhasa aufgebrochen.
> Peme hung
> Heute abend hoffen wir in Thartsendo anzukommen.
> Peme hung«

Muschelsee bittet:

> «Peme hung
> Bitte übermittelt eine kleine Botschaft!
> Peme hung
> Tharze Jüdrun, die Unglückliche

Peme hung
sitzt im Abstellraum gefangen.
Peme hung
Durch ein Loch in der Wand erhält sie Nahrung.
Peme hung
Drei Jahre sind es, da sie die Sonne des Tages nicht
gesehen.
Peme hung
Drei Jahre sind es, da sie den Mond der Nacht nicht
gesehen.
Peme hung
Drei Jahre sind es, da ihr äußerer Atem stockt.
Peme hung
Im inneren Atem verharrend, wartet sie auf Wangla.
Peme hung«

In Thartsendo angekommen, suchen die Wölfe das Lager des
Kaufmanns auf. Als sie gerade zum Sprechen ansetzen,
schreien die Leute: »Wölfe greifen die Pferde an!« Sie feuern
Gewehrsalven auf die Wölfe ab und treiben sie in die Flucht.
Am folgenden Morgen kommen drei Füchse des Weges.
Muschelsee ruft ihnen zu:

»Peme hung
Ihr, ihr Füchse dort drüben!
Peme hung
Von wo seid ihr heute morgen aufgebrochen?
Peme hung
Wo gedenkt ihr heute abend anzukommen?
Peme hung«

Die Füchse antworten:

»Peme hung
Heute morgen sind wir von Lhasa aufgebrochen.
Peme hung
Heute abend hoffen wir in Thartsendo anzukom-
men.
Peme hung«

Muschelsee bittet die Füchse:

> »Peme hung
> Bitte, übermittelt eine kleine Botschaft!
> Peme hung
> Tharze Jüdrun, die Unglückliche
> Peme hung
> sitzt im Abstellraum gefangen.
> Peme hung
> Durch ein Loch in der Wand erhält sie Nahrung.
> Peme hung
> Drei Jahre sind es, da sie die Sonne des Tages nicht
> gesehen.
> Peme hung
> Drei Jahre sind es, da sie den Mond der Nacht nicht
> gesehen.
> Peme hung
> Drei Jahre sind es, daß ihr äußerer Atem stockt.
> Peme hung
> Im inneren Atem verharrend, wartet sie auf Wangla.
> Peme hung«

Die drei Füchse entschwinden in der Ferne ...
Als sie, im Lager des Kaufmanns angekommen, gerade zum
Sprechen ansetzen, da schreien die Leute: »Füchse sind im
Lager! Knallt die Füchse ab!« Sie hetzen die Fuchshunde auf
die Füchse und treiben sie in die Flucht.
Am folgenden Morgen kommen drei Krähen geflogen.
Muschelsee ruft ihnen zu:

> »Peme hung
> Ihr, Krähen dort oben!
> Peme hung
> Von wo seid ihr heute morgen aufgebrochen?
> Peme hung
> Wo gedenkt ihr heute abend anzukommen?
> Peme hung«

Die Krähen antworten:

»Peme hung
Heute morgen sind wir von Lhasa aufgebrochen.
Peme hung
Heute abend hoffen wir, in Thartsendo anzukommen.
Peme hung«

Muschelsee bittet:

»Peme hung
Bitte, übermittelt eine kleine Botschaft!
Peme hung
Tharze Jüdrun, die Unglückliche
Peme hung
sitzt im Abstellraum gefangen.
Peme hung
Durch ein Loch in der Wand erhält sie Nahrung.
Peme hung
Drei Jahre sind es, da sie die Sonne des Tages nicht gesehen.
Peme hung

Drei Jahre sind es, da sie den Mond der Nacht nicht gesehen.
Peme hung
Drei Jahre sind es, daß ihr äußerer Atem stockt.
Peme hung
Im inneren Atem verharrend, wartet sie auf Wangla.
Peme hung«

Die drei Krähen entschwinden am Firmament ...
In Thartsendo, im Lager des Kaufmanns, lassen sie sich auf einer Teekiste nieder und krächzen: »Troktchuu, troktchuu, troktchuu, trocktchuu, Palden Lhamos Krähe ist da.« Mit der Stimme von Palden Lhamos Krähe krächzen sie die Botschaft der Tharze Jüdrun. Wangla schwingt sich auf sein Pferd, das an einem Tag die Welt zu durchmessen vermag.

In großen Tälern macht es große Sprünge,
in kleinen Tälern macht es kleine Sprünge ...

Zu der Zeit begibt sich Goldsee auf den Paß des Goldpaßlandes.
Sie hält Tchang bereit, in den sie Gift gemischt hat.
Silbersee begibt sich auf den Paß des Silberpaßlandes.
Sie hält Tchang bereit, in den sie Gift gemischt hat.
Muschelsee begibt sich auf den Paß des Muschelpaßlandes.
Sie hält Tchang bereit, den sie mit Nektar angefüllt hat.
Sie verweilen und halten nach dem Bruder Ausschau.
Als Wangla den Paß des Goldpaßlandes erreicht, heißt Goldsee ihn willkommen:

»Peme hung
Lieber Kaufmann, seid Ihr wohlauf?
Peme hung
Waren die Geschäfte gut?
Peme hung
Haben die Maulesel die Pässe bewältigt?
Peme hung

War die Farbe des Tees gut?
Peme hung«

Der Kaufmann:

»Peme hung
Liebes Mädchen, keinerlei Schwierigkeiten gab es.
Peme hung
Die Maulesel nahmen die Pässe.
Peme hung
Gut waren die Geschäfte.
Peme hung
Von hier nach drüben schauend,
Peme hung
sehe ich die Dachfirste des prachtvollen Schlosses
verfallen.
Peme hung
Von hier nach drüben schauend,
Peme hung
sehe ich die Schwänze der streunenden Hunde aus-
gemergelt.

Peme hung
Von hier nach drüben schauend,
Peme hung
sehe ich die bewässerten Felder zu Weideland ge-
worden.
Peme hung«

Goldsee:

»Peme hung
Ja, die bewässerten Felder sind zu Weideland ge-
worden.
Peme hung
Ja, die Schwänze der streunenden Hunde sind aus-
gemergelt.
Peme hung
Ja, die Dachfirste des prachtvollen Schlosses sind
verfallen.
Peme hung
Das Mädchen Tharze Jüdrun tut nichts,
Peme hung
als von der rechten Ecke des prächtigen Herdes
aus
Peme hung
hoheitsvoll einherzuschreiten
Peme hung
Sie tut nichts, als behangen mit Onyxketten
Peme hung
vom Balkon aus umherzuschauen.
Peme hung«

Goldsee reicht dem Kaufmann den Tchang dar. Doch gerade als er trinken will, fängt das Gras unter ihnen Feuer.
Mit dem Tchang, in den Goldsee Gift gemischt hat, löscht er
das Feuer. Er findet keine Zeit, auch nur einen Tropfen zu
kosten. Gemeinsam gehen Goldsee und der Kaufmann auf
den Paß des Silberpaßlandes.

Silbersee heißt den Kaufmann willkommen:

»Peme hung
Lieber Kaufmann, seid Ihr wohlauf?
Peme hung
Waren die Geschäfte gut?
Peme hung
Haben die Maulesel die Pässe bewältigt?
Peme hung
War die Farbe des Tees gut?
Peme hung«

Der Kaufmann antwortet:

»Peme hung
Liebes Mädchen, keinerlei Schwierigkeiten gab
es.
Peme hung
Die Maulesel nahmen die Pässe.
Peme hung
Gut waren die Geschäfte.
Peme hung
Von hier nach drüben schauend,
Peme hung
sehe ich die Dachfirste des prachtvollen Schlosses
verfallen.
Peme hung
Von hier nach drüben schauend,
Peme hung
sehe ich die Schwänze der streunenden Hunde aus-
gemergelt.
Peme hung
Von hier nach drüben schauend,
Peme hung
sehe ich die bewässerten Felder zu Weideland ge-
worden.
Peme hung«

Silbersee antwortet:

>»Peme hung
Ja, die bewässerten Felder sind zu Weideland ge-
worden.
Peme hung
Ja, die Schwänze der streunenden Hunde sind aus-
gemergelt.
Peme hung
Ja, die Dachfirste des prachtvollen Schlosses sind
verfallen.
Peme hung
Das Mädchen Tharze Jüdrun tut nichts,
Peme hung
als von der rechten Ecke des prächtigen Herdes aus
Peme hung
hoheitsvoll einherzuschreiten.
Peme hung
Sie tut nichts, als behangen mit Onyxketten
Peme hung
vom Balkon aus umherzuschauen.
Peme hung«

Silbersee reicht dem Kaufmann ihren Tchang dar. Doch
gerade als er trinken will, fangen die Büsche um sie herum
Feuer.
Der Kaufmann löscht das Feuer mit dem Tchang, in den
Silbersee Gift gemischt hatte. Er kommt nicht dazu, davon
zu trinken.
Gemeinsam gehen Goldsee, Silbersee und der Kaufmann
zum Paß des Muschelpaßlandes.
Muschelsee heißt den Bruder willkommen:

>»Peme hung
Lieber Kaufmann, seid Ihr wohlauf?
Peme hung
Waren die Geschäfte gut?
Peme hung
Erzieltet Ihr hohe Preise?

Peme hung
Haben die Maulesel die Pässe bewältigt?
Peme hung
War die Farbe des Tees gut?
Peme hung«

Der Kaufmann antwortet:

»Peme hung
Liebes Mädchen, keinerlei Schwierigkeiten gab es.
Peme hung
Die Maulesel nahmen die Pässe.
Peme hung
Gut waren die Geschäfte.
Peme hung
Wir erzielten hohe Preise.
Peme hung
Die Farbe des Tees war gut.
Peme hung
Von hier nach drüben schauend,
Peme hung
sehe ich die Dachfirste des prachtvollen Schlosses
verfallen.
Peme hung
Von hier nach drüben schauend,
Peme hung
sehe ich die Schwänze der streunenden Hunde aus-
gemergelt.
Peme hung
Von hier nach drüben schauend,
Peme hung
sehe ich die bewässerten Felder zu Weideland ge-
worden.
Peme hung«

Muschelsee, die in Wirklichkeit eine Göttin ist, singt:

»Peme hung
Das Mädchen Tharze Jüdrun, die Unglückliche!

Peme hung
Drei Jahre sind es, da sie die Sonne des Tages nicht
gesehen.
Peme hung
Drei Jahre sind es, da sie den Mond der Nacht nicht
gesehen.
Peme hung
Drei Jahre sind es, da ihr äußerer Atem stockt.
Peme hung
Im inneren Atem verharrend, wartet sie auf Wang-
la.
Peme hung
Durch ein winziges Loch in der Mauer erhält sie
Nahrung.
Peme hung
Durch einen Strohhalm erhält sie zu trinken.
Peme hung«

Muschelsee bietet ihren mit Nektar angefüllten Tchang dem
Kaufmann dar. Dieser trinkt.
Sodann gehen sie alle gemeinsam zum Haus.
Sie öffnen die Tür der Abstellkammer. Tharze Jüdrun sitzt
darin gefangen. Goldsee und Silbersee sperrten sie dort
ein.
Der Kaufmann spricht zu der Unglücklichen:

»Peme hung
Tharze Jüdrun, mein Mädchen!
Peme hung
Richte dein Haupt auf! Ich will dir einen Bernstein
aufsetzen!
Peme hung
Strecke deinen Hals! Trage diese Onyxkette!
Peme hung
Strecke deine Beine aus! Trage diese Stiefel!
Peme hung
Bewege deinen Körper! Trage diesen Lammfell-
mantel!

Peme hung
Lockere deine Taille! Trage diesen Silbergürtel!
Peme hung«

Doch Tharze Jüdrun antwortet:

»Peme hung
Ich bin nicht fähig, den Kopf anzuheben.
Peme hung
Wenn du einen Bernstein hast, setze ihn Muschel-
see auf!
Peme hung
Zwischen mir und Muschelsee besteht kein Unter-
schied.
Peme hung
Ich bin nicht fähig, den Hals zu strecken.
Peme hung
Wenn du eine Onyxkette hast, so soll Muschelsee
sie tragen!
Peme hung
Zwischen mir und Muschelsee besteht kein Unter-
schied.
Peme hung
Ich bin nicht fähig, die Beine auszustrecken.
Peme hung
Wenn du Stiefel hast, so soll Muschelsee sie tra-
gen!
Peme hung
Zwischen mir und Muschelsee besteht kein Unter-
schied.
Peme hung
Ich bin nicht fähig, den Körper zu bewegen.
Peme hung
Wenn du einen Lammfellmantel hast, so soll Mu-
schelsee ihn tragen!
Peme hung
Zwischen mir und Muschelsee besteht kein Unter-
schied.

Peme hung
Ich bin nicht fähig, die Taille zu lockern.
Peme hung
Wenn du einen Silbergürtel hast, so soll Muschelsee
ihn tragen!
Peme hung
Zwischen mir und Muschelsee besteht kein Unter-
schied.
Peme hung«

Der Kaufmann ist erschüttert und fragt: »Was kann ich für
dich tun, welche Medizin kann helfen, damit du nicht
stirbst, damit du die Krankheit überwindest?«
Tharze Jüdrun antwortet: »Goldsee und Silbersee sind Dämoninnen. Binde die beiden rechts und links an die Steigbügel deines Pferdes Wildfang, galoppiere mit ihnen von
jenseits der sechs Pässe hierher zurück! Erst wenn die
beiden nicht mehr sind, werde ich überleben!«
Goldsee und Silbersee, rechts und links an die Steigbügel des
Pferdes Wildfang festgebunden, galoppierte der Kaufmann
von jenseits der sechs Pässe ... Das Fleisch fetzte sich ab;
Blut tropfte und sickerte herab. Der Kaufmann selbst tötete
die beiden.
Den beiden Mädchen erging es von nun an besser.
Tharze Jüdrun ward gesund und erholte sich gänzlich.
Tharze Jüdrun, Muschelsee und Wangla lebten in Frieden
und Eintracht zusammen.
Das Glück reichte bis an den Himmel hinan.
Die Sorgenblätter wurden mit den Wassern fortgetragen.
Arrak und Butteröl tropften, tropften und tropften.
Buttermilch und Molke flossen in Strömen.
So lebten sie.

Der Königstöchter böse Dienerin

Es gab einmal eine Königsfamilie.
Die Königsfamilie hatte zwei Töchter, Goldsee und Silbersee.
Diese hatten eine Dienerin, die Hölzerne genannt.
Die beiden Töchter und die Dienerin gingen zum Ufer des Sees, um ihre Haare zu waschen.
Goldsee und Silbersee trugen je eine goldene und eine silberne Schüssel bei sich.
Die Hölzerne trug eine hölzerne Schüssel bei sich.
Sie gingen zum Ufer des Sees und wuschen ihre Haare.
Irgendwann schmiß die Hölzerne ihre Schüssel hinaus auf den See. Die Holzschüssel kreiste, kreiste auf der Wasseroberfläche, zog immer größere Kreise und hob und senkte sich auf den kleinen Wellen des Sees.

Die Hölzerne sprach: »Ihr zwei! Schaut! Ist das nicht toll? Ist das nicht herrlich? Ich habe meine Holzschüssel auf den See hinaus geworfen, und jetzt macht sie so komische Sachen! Was meint ihr, wenn ihr eure Goldschüssel, eure Silberschüssel hineinwerft, wird das sicher noch toller! Schmeißt eure Schüsseln doch mal hinein!«

Die Schwestern dachten: «Ja, das ist wahr, bestimmt wird das gut!«

Die beiden warfen ihre Schüsseln weit hinaus in den See, und im Nu waren sie verschwunden, sie versanken im See. Da sie ihre Gold- und Silberschüssel verloren hatten, getrauten Goldsee und Silbersee sich nicht nach Hause.

»Vater und Mutter werden uns ausschimpfen. Sie werden uns schlagen«, dachten sie.

»Wir bleiben! Wir getrauen uns nicht, heimzugehen«, sagten sie zu der Dienerin.

Die Dienerin eilte davon. Den beiden rief sie noch zu:

»Ihr werdet schon sehen! Ich werde alles erzählen! Ich werde es ihnen sagen!«

Angekommen, berichtete sie: »Eure beiden Töchter, Goldsee und Silbersee, haben ihre Gold- und Siberschüssel in den See geworfen. Jetzt liegen die Schüsseln auf dem Grunde des Sees. Die beiden wollen nicht nach Hause kommen.«

Da sagten die Eltern: »Gold- und Silberschüsseln gibt es immer wieder zu haben! Doch eine Gold- und eine Silbersee finden wir nirgends auf dieser Welt.«

Die Eltern mischten Ramda, ein wildes Getreide, mit Tee und sprachen: »Mädchen, iß du dies, es ist dein Proviant.«

Für ihre beiden Töchter bereiteten sie Amnho, eine Mischung aus Butter und Tsampa, und sprachen: »Nimm dies für Goldsee und Silbersee mit. Sage ihnen, sie sollen das essen!«

Sie schickten die Dienerin zurück zum See.

Am Seeufer angekommen, sprach die Hölzerne zu den Schwestern: »Die Eltern schicken euch das hier!« und sie gab ihnen das minderwertige Ramda. »Zu mir sagten sie, ich soll dies hier essen«, und sie selbst aß das köstliche Amnho.

»Die Eltern haben geschimpft«, log sie weiter, »sie sagten: ›Eine Gold- und Silbersee findet sich immer wieder. Eine Goldschüssel und eine Silberschüssel finden wir nimmermehr.‹«

Da sprachen die Schwestern: »Jetzt getrauen wir uns erst recht nicht nach Hause ...!«

»Dann lauft doch weg«, riet die Hölzerne. »Und damit man euch nicht erkennt, geht ihr als Dienerinnen! Ihr gebt mir alle eure schönen Kleider und euren Schmuck, und ihr tragt meine schäbigen Dienstmagdkleider! Niemand wird euch erkennen!«

Die zwei Schwestern waren einverstanden und gaben der Hölzernen die Kleider, den Schmuck und alles, was sie bei sich trugen.

Zu dritt machten sie sich auf den Weg.

Die Hölzerne war jetzt die große Dame und ging voran.

Goldsee und Silbersee waren nun Dienerinnen und folgten nach.

Unterwegs trafen sie auf jemanden, der seine Schafe grasen ließ.

Die Hölzerne sang:

> »Peme hung
> Ihr dort drüben, Herr Schafhirt, Ihr!
> Peme hung
> Sagt, wer ist die Schönste von uns dreien,
> Peme hung
> die vordere, die mittlere oder die hintere?
> Peme hung«

Der Schafhirt:

> »Peme hung
> Kleider und Schmuck der vorderen sind vortrefflich!

Peme hung
Doch am schönsten sind die mittlere und die hintere
von euch dreien.
Peme hung«

»Ich muß in der Mitte gehen«, dachte die Hölzerne; sie ließ
Goldsee als erste, sie ließ Silbersee als letzte gehen.
Bald trafen sie auf jemanden, der sein Rindvieh weidete.
Die Hölzerne sang:

»Peme hung
Ihr dort drüben, Herr Kuhhirt, Ihr!
Peme hung
Sagt, wer ist die Schönste von uns dreien,
Peme hung
die vordere, die mittlere oder die hintere?
Peme hung«

Der Viehhirt:

»Peme hung
Am schönsten sind die vordere und die letzte!
Peme hung
Kleider und Schmuck der mittleren sind vortreff-
lich!
Peme hung«

»Ich muß als letzte gehen«, dachte die Hölzerne und ließ
Goldsee und Silbersee zuvorderst gehen.
In der Ferne sahen sie einen Pferdehirten.
Die Hölzerne sang:

»Peme hung
Ihr dort drüben, Herr Pferdehirt, Ihr!
Peme hung
Sagt, wer ist die Schönste von uns dreien,
Peme hung
die vordere, die mittlere oder die hintere?
Peme hung«

Der Pferdehirt:

> »Peme hung
> Am schönsten sind die vordere und die mittlere!
> Peme hung
> Kleider und Schmuck der letzten sind vortrefflich!
> Peme hung«

Die Hölzerne ward traurig. »Alle sagen, ich bin nicht schön. Alle sagen, ich habe nichts als schöne Kleider«, so grübelte sie. Unterdessen marschierten sie immer, immer weiter und gelangten an einen See.

Goldsee sprach: »Ich habe die Nase voll. Dieses Herumlaufen ist ohne Sinn. Hunger habe ich! Kalt ist mir! Keinen Schritt gehe ich weiter! Lieber bringe ich mich um! Ja, ich springe in den See!« Und schon stürzte sie sich in den See ...

Sie wurde die Braut des Königs im Reich der Wassergeister. Silbersee und die Hölzerne gingen weiter.

In der Gegend, die sie gerade durchwanderten, wollte der König eine Braut heimholen – so ging die Kunde.

Er ließ die Wahrsager ihr Mo werfen.

Er ließ die Astrologen ihre Berechnungen erstellen.

Sodann erging vom Königshaus folgender Ruf:
»Alle Untertanen, die eine weibliche Existenzform ange-
nommen haben, alle Frauen und Mädchen sollen sich ver-
sammeln! Niemand darf fernbleiben, weder die grauhaarige
Alte, noch der frisch abgenabelte Säugling! Ein Torma wird
geworfen! Auf wessen Haupt das Torma fällt, die soll die
Braut des Königs werden!«
Die Botschaft wurde in allen Landesteilen, auf allen Höhen,
in allen Tälern ausgerufen.
Obwohl sie nicht zu den Landeskindern zählten, reihten
sich Silbersee und die Hölzerne unter die Versammelten.
Als dann das Torma geworfen wurde, fiel es mitten auf den
Kopf der Silbersee. Flugs riß die Hölzerne das Torma an
sich und setzte es sich selbst auf den Kopf.
Sie wurde die Braut des Königs. Silbersee wurde Dienerin
im Königshaus.
Von nun an mußte Silbersee, versorgt mit Körnern als
Proviant, die Schafe hüten gehen.
Silbersee begab sich an das Ufer des Sees, in den Goldsee
gesprungen war, um sich das Leben zu nehmen.
Silbersee rief:

> »Peme hung
> Goldsee, komm! Ich bin's, Silbersee!
> Peme hung«

Nach einer Weile des Rufens erschien Goldsee an der
Wasseroberfläche und kam ans Ufer. Die Schwestern freuten
sich über alle Maßen. Endlich waren sie wieder vereint. Sie
erzählten einander, was ihnen unterdessen alles widerfuhr.
Goldsee erzählte, wie sie die Braut des Königs der Wasser-
geister wurde.
Silbersee erzählte, wie das Torma auf ihren Kopf fiel, wie die
Hölzerne es ihr entwendete und daß sie darum nun als
Dienerin arbeiten mußte.
Von nun an trafen sich die beiden jeden Tag am See. Von den
Wassergeistern wurden sie mit köstlichen Speisen und Ge-
tränken bewirtet.

Die Tagesration an Körnern, die Silbersee bei sich trug, streuten sie aus. Sowie sie die Körner ausstreuten, verteilten sich die Schafe in alle Himmelsrichtungen. Sowie sie die Körner des Abends auflasen, scharten die Schafe sich zusammen.

Sie streuten die Körner aus, die Schafe verteilten sich.

Sie lasen die Körner auf, die Schafe versammelten sich.

Auf diese Weise fanden die beiden Zeit, sich zu vergnügen; sie aßen und tranken von den Köstlichkeiten der Unterwelt und vertrieben sich die Zeit mit Spielen.

Am Abend trieb Silbersee ihre Schafe zurück zum Königshaus.

Goldsee ließ sich hinab in das untere Reich der Wassergeister. Die Hölzerne hatte alles beobachtet. Sie wußte Bescheid.

Eines Tages sprach sie: »Heute werde ich die Schafe hüten gehen! Gib mir deine Kleider! Ich werde gehen!« Sie wetzte die Axt und eilte davon.

Silbersee blieb im Haus zurück.

Der König befahl: »Mädchen, lause mich!«

Und während sie nun auf dem Kopf des Königs nach Läusen suchte, kam sie ins Grübeln: »Ach, ich könnte jetzt die Frau des Königs sein! Wenn sie mich nicht betrogen, wenn sie mir nicht das Torma vom Kopf gerissen hätte ...!

Und heute wird sie Goldsee töten! Die Axt hat sie geschliffen! Mit der Axt ist sie davongeeilt!«

Silbersee konnte die Tränen nicht zurückhalten. Eine dicke Träne kullerte auf des Königs Nase.

»Was ist los, Mädchen?« fragte der König.

»Ein paar Regentropfen sind vom Himmel gefallen!« antwortete sie. Wieder fiel eine Träne auf des Königs Nase. Wieder fragte der König: »Was ist los, Mädchen?« drehte sich um und schaute ihr, von unten her, ins Gesicht.

»Mädchen, du weinst! Sag', was ist geschehen?«

»Ich muß weinen, weil, weil . . . Früher war ich die Tochter eines großen Königs. Goldsee und Silbersee, wir waren Schwestern. Die Hölzerne war damals unsere Dienerin. Zusammen gingen wir zum See, um unsere Haare zu waschen. Wir zwei hatten unsere Gold- und Silberschüsseln dabei. Die Hölzerne sagte, wir sollen sie ins Wasser werfen. Wir warfen sie ins Wasser, und sie versanken. Dann hat sie uns bei den Eltern verpetzt, und wir getrauten uns nicht mehr nach Hause. Wir liefen fort. Unterwegs sprang Goldsee in einen See. Sie wurde die Braut des Königs der Wassergeister. Die Hölzerne und ich kamen hierher, damals, als das Torma geworfen wurde. Das Torma fiel auf meinen Kopf, doch die Hölzerne hat es an sich gerissen und sich selbst aufgesetzt . . . Und heute, heute wird sie Goldsee töten. Sie hat die Axt geschliffen. Sie hat die Axt mitgenommen! Deshalb bin ich traurig. Darum muß ich weinen.«

»Ist das wahr?«, fragte der König.

»Es ist wahr«, antwortete Silbersee. »Außerdem sagt man, die Hölzerne sei eine Dämonin!«

»Dann werde ich die Hölzerne, diese Dämonin, töten! Ich werde ihrem Unwesen ein Ende setzen! Du brauchst nicht mehr zu weinen! Wir zwei werden ein schwarzes, viele, viele Etagen tiefes Loch graben! Du wirst sehen!« sprach der König.

An diesem Tag gruben und gruben sie, bis ein tiefes, gähnendes Loch gegraben war. Die Öffnung bedeckten sie mit Dornengestrüpp und errichteten darauf einen Sitz.

Die Hölzerne hatte sich unterdessen zum See begeben. Vom Ufer aus rief sie hinab in den See:

»Peme hung
Goldsee, komm! Ich bin's, Silbersee!«
Peme hung«

Als Goldsee auftauchte, schlug die Hölzerne ihr mit der Axt
auf den Kopf.
Goldsee sprang zurück in den See. Der See färbte sich rot.
Von dem Blut der Goldsee wurde der See ganz rot.
Die Hölzerne war hungrig, und da ihr aus dem Reich der
Wassergeister keine Speisen aufgetragen wurden, aß sie von
den Körnern ihres Proviants. Bis auf zwei Körner, die sich
in ihrer Rotzfahne verfangen hatten, aß sie alles ratzeputz
auf.
Nur zwei Schafe fand sie am Abend wieder. Alle anderen
Schafe waren wie vom Erdboden verschluckt. Mit einem
kläglichen Rest von zwei Schafen kam sie zum Königshaus
zurück.
Dort empfing man sie besonders freundlich: »Bitte nimm
Platz! Ruhe dich aus! Nimm bitte gleich hier Platz!«
»Ist das heute ein eisiger Tag! Hunger habe ich!« klagte die
Hölzerne. »Bringe sogleich etwas Heißes zu essen, Diene-
rin!« befahl sie und ließ sich auf den vorbereiteten Sitz
fallen. Langsam sank der Boden unter ihr weg; ein kleiner
Stoß, und sie fiel hinab in das tiefe, gähnende Loch.
Die Hölzerne schrie: »König, zieht mich herauf!«
Doch der König rief zurück: »Von wegen! Nicht nur, daß
ich dich nicht hochziehe, mit schwarzen Dornen und heißer
Asche werde ich dich füttern!«
Sie füllten das Loch mit schwarzen Dornen auf und warfen
glühende Feuerasche nach … Elendig ging die Dämonin
zugrunde. Ihrem Unwesen war ein Ende gesetzt.
Silbersee wurde die Braut des Königs. Sie wurde die Erste
Dame des Königshauses. Sie wurde die Königin des Landes.
Auf einen Thron setzte man sie.
Doch Silbersee hatte noch eine Sorge: »Ich muß gehen und
nachschauen, was aus Goldsee geworden ist«, dachte sie.
»Ich muß wissen, ob sie noch lebt.« Sie ging zum See.

Goldsee war nicht allzuviel passiert. Lediglich die Haut der einen Kopfhälfte war abgetrennt.
Silbersee war beruhigt. »Du bist nicht ernsthaft verletzt!« sprach sie. »Jetzt können wir zwei glücklich werden ...! Ich bin nun die Braut des Königs der mittleren, der irdischen Welt. Du bist die Braut des Königs der Unterwelt, der Welt der Wassergeister!«
Von nun an lebten die beiden in Frieden.
Glück und Freude waren dem Himmel gleich.
Die Sorgenblätter wurden mit den Wassern fortgetragen.
Arrak und Butteröl tropften, tropften, tropften.
Buttermilch und Molke flossen in Strömen ...

Grenzenlose Liebe

Jenseits des Passes lebte einst eine Königsfamilie.
Diesseits des Passes lebte eine Nomadenfamilie.
Eines Tages gingen Vater und Mutter mit den Tieren in die Berge. Das Mädchen hatte daheim zu bleiben und auf das Haus aufzupassen. »Kleines«, sagten die Eltern, »bleibe vom Herd weg! Auf dem Herd ist eine Pfanne gerösteter Gerstenkörner. Nasche nicht! Unten im Herd sind Erbsen. Nasche nicht! Laß die Finger vom Herd, sonst geht das Feuer aus!«
»Ist gut«, sagte das Mädchen.
Sobald Vater und Mutter sich weit genug vom Haus entfernt hatten, rannte das Mädchen zum Herd, naschte von den gerösteten Gerstenkörnern auf dem Herd, naschte von den Erbsen unten im Herd, stocherte ›truktrau-truktrau‹ in der Feuerasche herum – das Feuer erlosch bis auf den letzten glühenden Funken.

»Was soll ich jetzt tun?« dachte sie. »Die Eltern werden mich ausschimpfen und mich verprügeln!«

Aufgeregt rannte sie nach draußen und schaute umher. Da sah sie oben, am Paßkopf, den König vorbeiziehen.

»König, bitte, gebt mir Feuer!« rief sie.

»Komm her, Mädchen! Ich werde dir welches geben!« rief der König zurück.

Das Mädchen rannte den Berg hoch – zu ihm hin. Doch als sie nahe genug herangekommen war, ritt der König weiter.

»Komm her, Mädchen! Ich gebe dir Feuer!« rief der König.

Das Mädchen folgte ihm nach, bis sie bei seinem Schloß anlangten. Noch einmal bat das Mädchen: »König, gebt mir Feuer!«

»Komm her, Mädchen! Ich gebe dir Feuer!« lockte der König und betrat das Schloß.

Am Eingangstor angekommen, bat das Mädchen wieder: »König, bitte, gebt mir Feuer!«

Der König, bereits auf der Treppe zu seinen Gemächern, rief: »Komm, Mädchen! Komm herauf! Hole dir dein Feuer!«

Das Mädchen folgte ihm. Endlos schienen die Treppen. Immer weiter hinauf folgte sie ihm nach. Schließlich erreichten sie prachtvoll ausgestattete Räume. Der König ließ sie eintreten und sprach: »Du bleibst bei mir! Ich lasse dich nie mehr fort!«

Neun Jahre, neun Monate, neun Tage vergingen ...

Nach neun Jahren, neun Monaten und neun Tagen begab sich der König auf den Paß und schaute umher.

Dem Mädchen – Saga Trong war ihr Name – rief er zu:

»Mädchen, Mädchen
Komme her! Hier gibt es was zu sehen!

Mädchen, Mädchen
Ich sehe deinen Vater. Er ist ein alter Mann.
Mädchen, Mädchen
Ich sehe deine Mutter. Sie ist eine alte Frau.
Mädchen, Mädchen
Ich sehe eure rote Hündin, die Herdstelle.
Mädchen, Mädchen
Ich sehe euer kleines, gekalktes Flachhaus.
Mädchen, Mädchen
Komme her! Hier gibt es was zu sehen!
Mädchen, Mädchen«

Das Mädchen kam. Sie sah ihren Vater. Sie sah ihre Mutter.
Sie sah das alte Flachhaus. Sie sah die alte Herdstelle, diese
rote Hündin ... Sie bekam Heimweh, Tränen kullerten ihr
über die Wangen. Schließlich bat sie:

»König, König
Erlaubt mir, drei Jahre bei ihnen zu weilen!
König, König
Falls drei Jahre eine zu lange Zeit,
König, König
so erlaubt mir, drei Monate bei ihnen zu weilen!
König, König
Falls drei Monate eine zu lange Zeit,
König, König
so erlaubt mir, drei Tage bei ihnen zu weilen!
König, König
Ich sehe den Vater, ich sehe die Mutter ...
König, König
Ich sehe die rote Hündin, unsere Herdstelle ...
König, König
Ich sehe das kleine gekalkte Flachhaus ...
König, König
Erlaubt mir, bei ihnen zu weilen!
König, König«

Der König antwortete:

»Mädchen, Mädchen
Drei Jahre sind eine zu lange Zeit!
Mädchen, Mädchen
Drei Tage sind eine zu kurze Zeit!
Mädchen, Mädchen
Drei Monate will ich dir gerne gewähren!
Mädchen, Mädchen
Meine besten Minister sollen dich begleiten!
Mädchen, Mädchen
zum Anbinden der Pferde nimm diese Riemen
mit!
Mädchen, Mädchen
Als Schlafplatz für dich und die Minister nimm die
kleinen Zelte mit!
Mädchen, Mädchen
Als Gabe für den Vater nimm Fleisch und Tchang
mit!
Mädchen, Mädchen
Als Gabe für die Mutter nimm Fleisch und Tchang
mit!
Mädchen, Mädchen
Als Gabe für die Schwester nimm Türkise und
Korallen mit!
Mädchen, Mädchen
Als Gabe für den Bruder nimm Schwert und Ge-
wehr mit!
Mädchen, Mädchen«

Der König übergab ihr all die Gaben. Er ließ die Pferde sat-
teln, ließ die Maultiere beladen und beorderte seine treuen
Minister und eine große Dienerschar, sie zu begleiten.
Als sie sich dem Hause des Mädchens näherten, da sprach
Saga Trong: »Ich reite vorauf! Meine Eltern sind gänzlich
unvorbereitet; möglich, daß es schmutzig ist bei ihnen . . .
Ich eile vorauf! Ihr kommt später nach!«

»Wir sollten keinesfalls getrennt gehen«, wendeten die Minister ein. »Wir sollten zusammenbleiben!«
Das Mädchen wollte nicht auf sie hören. »Nein, ihr kommt nach! Ich reite vorauf!« sprach sie und galoppierte davon.
Die Mutter des Mädchens, die eine Dämonin war, hatte schon längst den herannahenden Zug erspäht. Sie sah, wie ihre Tochter sich von dem Zug löste und schnell voraufritt. In aller Eile wetzte sie die Axt. Und als das Mädchen kam, schimpfte sie. »Du Elende du, du hast das Feuer ausgehen lassen! Nur Kummer und Sorgen bereitest du uns! Du bist kein gutes Mädchen!« Sie schwang die Axt und schlug dem Mädchen auf den Kopf.

Am Rande des Todes sang das Mädchen noch:

>   »Vater, Vater
>   Fleisch und Tchang habe ich dir mitgebracht!
>   Vater, Vater
>
>   Bruder, Bruder
>   Schwert und Gewehr habe ich dir mitgebracht!
>   Bruder, Bruder

Schwester, Schwester
Türkise und Korallen habe ich dir mitgebracht!
Schwester, Schwester«

»Kleines, was hast du denn deiner lieben Mutter, was hast du mir mitgebracht?« wollte die Mutter nun wissen.

Das Mädchen antwortete:

»Oh, Mutter, Mutter
Einen Kupferkessel voll Blut habe ich für dich – trink es!
Einen Teller voll Gehirn habe ich für dich – leck es!
Mutter ...«

Dann starb das Mädchen.

Als die Minister eintrafen, war sie bereits mausetot. Da sprachen sie zueinander: »Auch wenn wir neun Jahre, neun Monate und neun Tage hier suchen, weder Zahn noch Fingernagel werden wir von dem Mädchen wiederfinden! Was nur sollen wir dem König sagen? Ohne sein Mädchen können wir unmöglich vor ihm erscheinen. Darum laßt uns auf die Suche nach einem Mädchen gehen, das der Verstorbenen gleich ist!«
Sie begaben sich auf die Suche nach einem Ersatzmädchen. Drei Monate Zeit hatten sie. Drei Monate durchstreiften sie die Gegenden. Drei Monate lang musterten sie jedes Mädchen, jede Frau, die ihnen begegnete.
Schließlich fanden sie ein Mädchen, das nahezu aussah wie Saga Trong. Nur in wenigen Winzigkeiten glich sie ihr nicht.
Die Minister forderten sie als Braut des Königs und nahmen sie mit.
Genau nach drei Monaten erreichen sie das heimatliche Schloß. Der König saß auf dem Dach seines Schlosses und hielt Ausschau. Er sah seine treuen Minister mit der Neuen nahen ...

Er sang:

> »Peme hung
> Wenn ich Silber und Türkise auf ihrem Haupte
> betrachte,
> Peme hung
> so gleichen sie denen von Saga Trong.
> Peme hung
> Wenn ich mir jedoch ihr Haar anschaue,
> Peme hung
> so gleicht es Saga Trongs Haar nicht!
> Peme hung
> Wenn ich die Seiden- und Baumwollkleider an ihrem
> Leibe betrachte,
> Peme hung
> so gleichen sie denen von Saga Trong.
> Peme hung
> Wenn ich jedoch ihre Gestalt mir anschaue,
> Peme hung
> so gleicht sie Saga Trongs Gestalt nicht!
> Peme hung
> Wenn ich die brokatbesetzten Stiefel betrachte,
> Peme hung
> so gleichen sie denen von Saga Trong.
> Peme hung
> Wenn ich jedoch diese kleinen Füße mir anschaue,
> Peme hung
> so gleichen sie Saga Trongs Füßen nicht!
> Peme hung«

Der König versank in tiefe Traurigkeit.
Die Minister führten die Neue zu ihm und sprachen:
»Wir bringen Euch Eure Saga Trong wohlbehalten zu-
rück!«
»Sie ist es nicht, sie ist es nicht«, sagte knapp der König und
entließ sie.
In seiner Traurigkeit beschloß er, als Einsiedler sich ganz
dem Dharma, der Religion, zuzuwenden ...

Nach neun Jahren, neun Monaten und neun Tagen dachte er: »Heute will ich mich einmal vor die Tür begeben!« Er ging nach draußen und gewahrte eine Hirschkuh, die Salz von den Hauswänden leckte. Der Einsiedler-König beobachtete sie eine geraume Weile und erhob dann seine Stimme:

> »Peme hung
> Wenn du Saga Trongs Geist bist,
> Peme hung
> umkreise dreimal dieses Schloß rechts herum,
> Peme hung
> umkreise dreimal dieses Schloß links herum!
> Peme hung
> Wenn du Saga Trongs Geist bist,
> Peme hung
> dann trinke einen Schluck von jenem Sumpfgras-
> wasser,
> Peme hung
> dann friß ein Maul voll von jenen Sumpfgrasspit-
> zen!
> Peme hung«

Die Hirschkuh umkreise dreimal das Schloß rechts herum.
Sie umkreise dreimal das Schloß links herum.
Sie trank einen Schluck von dem Sumpfgraswasser.
Sie biß der Sumpfgräser Spitzen ab und fraß sie.
Der Einsiedler-König stieß ein Wunschgebet hervor: »Möge ich den Körper eines Hirsches erlangen!« sprach er und sprang herunter von dem Dach seines vielstöckigen Schlosses – als Hirsch sprang er davon ...
Der Hirsch und die Hirschkuh liefen in die Berge; wieder vereint, lebten sie ihr Glück. Die Hirsch-Königin warf dem Hirsch-König zwei Kinder: einen Kitzjungen und ein Kitzmädchen. Als Hirschfamilie lebten sie in den Bergen.

Eines Nachts erwachte die Hirschkuh aus einem schweren Traum. Sie sang:

>>Peme hung
Hirsch, schlafe nicht! Hirsch, wache auf!
Peme hung
Die Bergköpfe sind voller Hunde und Jäger – träumte mir!
Peme hung
Die Bergausläufer sind voller Pferde und Packyaks – träumte mir!
Peme hung
Hirsch, schlafe nicht! Hirsch, erhebe dich!
Peme hung<<

>>Mir träumte<<, sprach die Hirschkuh weiter, >>mir träumte, viele Jäger kommen und töten dich!<<
>>Ach<<, sprach der Hirsch, >>während der neun Jahre, neun Monate und neun Tage meines Einsiedlerdaseins ist mir kein einziger Feind begegnet – außer das kleine Murmeltier, so groß wie ein Ohr. Ich stehe nicht auf!<<
Bald war er wieder in einen tiefen Schlaf versunken.

Kurze Zeit vor Morgendämmerung wurde die Hirschkuh wieder unruhig. Sie sang:

>>Peme hung
Hirsch, schlafe nicht! Hirsch, wache auf!
Peme hung
In der Nacht hatte ich einen Traum.
Peme hung
Es war kein guter Traum, es war ein böser Traum!
Peme hung
Die Bergköpfe sind voller Hunde und Jäger –
träumte mir!
Peme hung
Die Bergausläufer sind voller Pferde und Packyaks –
träumte mir!
Peme hung
Die Jäger töteten den Hirschen – träumte mir!
Peme hung
Hirsch, wache auf! Hirsch, erhebe dich!
Peme hung<<

>>Mir träumte<<, sprach die Hirschkuh weiter, >>mir träumte, sie verteilen dein Fleisch auf den großen Märkten!<<
Der Hirsch blieb träge. Er hörte kaum zu. Er blieb liegen.

Dann, als das Morgenlicht die Schleier der Dunkelheit aufhob, da sahen sie die Bergköpfe, angefüllt mit Hunden und Jägern. Sie sahen die Bergausläufer, angefüllt mit Pferden und Packyaks.
Die Jäger pirschten sich heran.
>>Dort ist ein Hirsch mit seiner Hirschkuh und den Kitzen ...<<, flüsterten sie sich einander zu.
Die Hirschkuh witterte die nahende Gefahr. Sie sang:

>>Peme hung
Hirsch, fliehe! Lauf, lauf hinunter ins Tal!
Peme hung
Hirsch, fliehe! Nimm die Kitze mit!
Peme hung

Ich, die Hirschkuh, werde mich auf des Berges Grat
begeben!
Peme hung«

»Ist gut«, antwortete der Hirsch und lief, so schnell er
konnte, hinunter ins Tal. Die Kitze nahm er mit.
Die Hirschkuh sprang hinauf auf des Berges Grat. Sie sah,
wie die Jäger, Pfeil und Bogen gespannt, auf den entfliehen-
den Hirschen schießen wollten. Sie sang:

»Jäger, Jäger
Tötet nicht den Hirschen! Laßt ihn laufen!
Jäger, Jäger
Giftig ist das Fleisch des Hirschen!
Jäger, Jäger
Tötet die Hirschkuh! Tötet mich!
Jäger, Jäger
Heilsam ist das Fleisch der Hirschkuh!
Jäger, Jäger«

Die Jäger hielten inne und lauschten ihrer Stimme ...

»Diese Hirschkuh ist keine gewöhnliche Hirschkuh«, sprachen sie zueinander. »Es könnte ein Fehler sein, sie zu töten.«
Der Hirsch war mit den Kitzen unterdessen viele Pässe und Täler weit geflohen ...
Die Hirschkuh sprang dem Hirschen nach, und bald schon waren sie wieder glücklich vereint ...
Die Hirschkuh bewahrte den Hirschen vor den Pfeilen der Jäger. Mit ihrem Gesang betörte sie die Jäger und rettete so des Hirschen und der Kitze – und auch ihr – Leben.

Kompromiß aus Liebe

Es gab einmal einen Jungen mit Namen Lhahö Dawo, und es gab ein Mädchen mit Namen Nghoma Ndzompa.
Der Junge Lhahö Dawo und das Mädchen Nghoma Ndzompa waren unbeschreiblich ineinander verliebt. Keine Stunde mochten sie sich missen, so verliebt waren sie.
Die Mutter des Mädchens erfuhr davon. Sie dachte: »Es ist nicht angemessen, meine Tochter dem Jungen Lhahö Dawo zur Braut zu geben! Sie kann eine bessere Partie machen. Ich will sie in die Familie des Grafen Tamtchen Khawa geben! Ich will den Grafen fragen!«
Sie schickte eine Botschaft zur Grafenfamilie. Der Graf kam. Sie kamen überein, die Tochter Nghoma Ndzompa so bald wie möglich zu verheiraten.
Die Mutter sprach zu dem Grafen: »Ich gebe Euch die Tochter; doch ich will Euch nicht verschweigen, daß sie in den Jungen Lhahö Dawo verliebt ist. Eine Flucht der beiden ist nicht auszuschließen! Sollte sie sich weigern mit Euch zu gehen, sollte sie mit dem Jungen Lhahö Dawo davonlaufen, dann räumt ihn aus dem Weg! Tötet ihn!«

An jenem Abend verkündeten sie dem Mädchen Nghoma Ndzompa:
»Morgen wirst du mit dem Grafen Tamtchen Khawa gehen!«
Das Mädchen eilte zu Lhahö Dawo.
Die Mutter bemerkte es und sprach zu dem Grafen: »Wir wollen horchen gehen, was die beiden heute abend miteinander bereden!«
Sie gingen, verbargen sich und horchten.
Das Mädchen Nghoma Ndzompa sprach zu ihrem Gebliebten: »Lhahö Dawo, sei nicht traurig! Gräme dich nicht! Ich muß mit dem Grafen gehen! Sie haben mich ihm gegeben! Gehe ich nicht; so werden sie dich töten! Das will ich nicht! Ich hätte nur den Kopf eines Toten in Händen! Deshalb gehe ich lieber mit dem Grafen! Doch du sei nicht traurig! Gräme dich nicht! Laß dir das Leben nicht schwer werden!«
Die Horchenden dachten: »Das Mädchen ist vernünftig, sie wird mitkommen! Es ist nicht notwendig, den Jungen zu töten.«
Am folgenden Morgen nahm der Graf Tamtchen Khawa das Mädchen mit.
Der Junge Lhahö Dawo blieb weinend zurück ...
Das Mädchen Nghoma Ndzompa ging weinend fort ...
Unterwegs sahen sie drei Wildesel nahen. Der Graf Tamtchen Khawa bat: »Mädchen, singe ihnen ein Lied!«
Das Mädchen sang:

> »Peme hung
> Der Wildesel, der als erster einhertrabt,
> Peme hung
> gleicht dem Grafen Tamtchen Khawa!
> Peme hung
> Der Wildesel, der in der Mitte einhertrabt,
> Peme hung
> gleicht dem Mädchen Nghoma Ndzompa!
> Peme hung

Der Wildesel, der als letzter einhertrabt,
Peme hung
gleicht dem Jungen Lhahö Dawo!
Peme hung«

»Das ist ein sehr kluges Mädchen«, dachte erfreut der
Graf.
Sie gingen weiter.
In der Ferne sahen sie drei Bären nahen.
»Mädchen, singe ihnen ein Lied«, bat der Graf.
Das Mädchen sang:

»Peme hung
Der Bär, der als erster einhertapst,
Peme hung
gleicht dem Grafen Tamtchen Khawa!
Peme hung
Der Bär, der in der Mitte einhertapst,
Peme hung
gleicht dem Mädchen Nghoma Ndzompa!
Peme hung
Der Bär, der als letzter einhertapst,
Peme hung
gleicht dem Jungen Lhahö Dawo!
Peme hung«

»Wirklich, sie ist ohne Makel! Sie ist ein kluges Mädchen«,
dachte der Graf und war glücklich.
Nach einer Weile sahen sie am Himmel drei Geier nahen.
»Singe diesen Geiern ein Lied!« bat der Graf.
Das Mädchen sang:

»Peme hung
Der Geier, der als erster einherfliegt,
Peme hung
gleicht dem Grafen Tamtchen Khawa!
Peme hung
Der Geier, der in der Mitte fliegt,
Peme hung

gleicht dem Mädchen Nghoma Ndzompa!
Peme hung
Der Geier, der als letzter einherfliegt,
Peme hung
gleicht dem Jungen Lhahö Dawo!
Peme hung«

Sie gingen weiter. Nicht lange und sie erreichten die Grafschaft.

Alle Bergköpfe waren angefüllt mit Schafen.
Alle Bergmitten waren angefüllt mit Rindvieh.
Alle Bergausläufer waren angefüllt mit Pferden.
Das Mädchen sang:

> »Peme hung
> Die Bergköpfe sind voller Schafe!
> Peme hung
> Die Bergmitten sind voller Rindvieh
> Peme hung
> Die Bergausläufer sind voller Pferde!
> Peme hung
> Errichtet steht ein prächtiges Schloß mit Gold-
> dach!
> Peme hung
> Prächtig ist der obere, der goldene Teil des Her-
> des!
> Peme hung
> Prächtig ist der untere, der silberne Teil des Her-
> des!
> Peme hung
> Es ist kein kleines Anwesen! Es ist ein großes Anwe-
> sen!
> Peme hung
> Der Graf ist nicht gering! Er ist ein großer Herr!
> Peme hung«

Nach einer Weile fügte sie gedankenverloren hinzu:

> »Peme hung
> Ich wollte, ich könnte dem Jungen Lhahö Dawo
> gehören!
> Peme hung
> Er ist nicht gering! Er ist ein großer Herr!
> Peme hung«

Auf diese Weise ließ sie ihre Gefühle den Grafen wissen.
Auch später konnte sie den Jungen Lhahö Dawo nicht
vergessen.

»Ach, wäre es schön, wenn ich ihm gehören könnte! Dies ist ein reiches Haus: Prächtig ist der obere, der goldene Teil des Herdes; prächtig ist der untere, der silberne Teil des Herdes. Ob sie erlauben würden, Lhahö Dawo als Diener aufzunehmen?«

Ihre Gedanken kreisten ununterbrochen um ihn. Trotzdem bemühte sie sich, dem Grafen eine gute Ehefrau zu sein.

Der Graf kannte ihre Gedanken und Sehnsüchte. Eines Tages sprach er: »Da du stets an Lhahö Dawo denkst, so laß ihn kommen! Wir können unter einem Dach zusammenleben!«

Das Mädchen überlegte eine Weile und sagte dann: »Es wird sicher nicht gutgehen, wenn wir drei zusammenleben! Aber hast du nicht eine große Tochter? Verheirate sie mit dem Jungen Lhahö Dawo! Gib den zweien die Hälfte deiner Grafschaft! Die andere Hälfte verwalten wir! Zwei Häupter werden dann die Grafschaft regieren! Lhahö Dawo wird Graf. Du bist Graf. Jeder von euch ist sein eigener Herr und verwaltet sein eigenes Reich!«

Der Graf Tamtchen Khawa erklärte sich einverstanden.

Drei Jahre waren unterdessen vergangen, da der Graf und das Mädchen zusammenlebten ...

Seitdem das Mädchen fort war, hatte den Jungen Lhahö Dawo der Kummer verzehrt. Er war nur noch Haut und Knochen. Sein stählernes Knochengerüst war nahe daran, auseinanderzufallen.

Sein Geist war nur noch das zarte Flackern einer verlöschenden Butterlampe. Gram und Kummer hatten an ihm genagt. Sein Atem stockte. Er konnte nicht sprechen. Er hörte nichts. Er empfand nichts. Sein ganzer Körper war bedeckt vom Kot großer und kleiner Vögel. Spinnen hatten ihre Netze um ihn gewoben ...

Zu dieser Zeit, als der Junge Lhahö Dawo so dahinvegetierte, beschlossen das Mädchen Nghoma Ndzompa und der Graf Tamtchen Khawa, ihn zu besuchen und zu sich zu holen.

Sie machten sich auf den Weg.

Drei Jahre waren vergangen, seit sie sich das letzte Mal gesehen. Der Junge Lhahö Dawo hörte nichts, nahm nichts wahr, sprach nicht. Doch auch das Sterben gelang ihm nicht. Er lag wie gelähmt, ohne Bewußtsein.

Nghoma Ndzompa trat an sein Kopfende und sang:

>>Peme hung
Richte dich auf, Lhahö Dawo!
Peme hung
Ich bin's! Nghoma Ndzompa ist hergekommen!
Peme hung<<

>>Ein Traum<<, dachte Lhahö Dawo, >>was war es nur? War es nicht Nghoma Ndzompa, von der mir träumte?<<

Wieder sang das Mädchen:

>>Peme hung
Richte dich auf, Lhahö Dawo!
Peme hung
Ich bin's! Nghoma Ndzompa ist hergekommen!
Peme hung<<

>>Was sagen sie? Was war es, was da gesagt wurde?<< dachte Lhahö Dawo und versank wieder in Bewußtlosigkeit.

Das Mädchen sang erneut:

>>Peme hung
Richte dich auf, Lhahö Dawo!
Peme hung
Ich bin's! Nghoma Ndzompa ist hergekommen!
Peme hung<<

Lhahö Dawo blinzelte ein wenig und erkannte Nghoma Ndzompa. Da weinte er. Dicke Tränen rollten ihm die Wangen herunter. Sprechen konnte er nicht.

Wieder sang das Mädchen:

>>Peme hung
Richte dich auf, Lhahö Dawo!
Peme hung
Ich bin's! Nghoma Ndzompa ist hergekommen!
Peme hung<<

Als Lhahö Dawo seinen Kopf anhob, da rieselte trockener
Vogelkot herunter; die Spinnetze bewegten und verfingen
sich.

Nghoma Ndzompa wischte allen Vogelkot von ihm, alle
Spinnweben zog sie von ihm ab. Sie gab ihm kräftigendes
Essen und kleidete ihn in die besten Gewänder. Es dauerte
nicht lange, und er war der gleiche wie zuvor.

Das Mädchen und der Graf nahmen ihn mit zu sich aufs
Schloß. Dort angekommen, sprach das Mädchen zu Lhahö
Dawo: »Wir zwei können nicht zusammenleben! Wir können nicht unsere eigene Familie gründen! Der Graf wird dir
seine Tochter zur Braut geben! Er wird euch die Hälfte
seiner Grafschaft überlassen! Du sollst dein eigener Herr
sein! Der Graf und ich werden weiterhin zusammenbleiben
und die andere Hälfte der Grafschaft verwalten! Nebenein-
ander werden wir glücklich und in Frieden leben . . .!«

So lebten sie dann auch.

Glück und Freude waren dem Himmel gleich.

Die Sorgenblätter wurden mit den Wassern fortgetragen.

Die Hälfte der Grafschaft erhielt der Junge Lhahö Dawo.

Die andere Hälfte regierte weiterhin der Graf Tamtchen
Khawa.

Die eingefangene Göttin

Es gab einmal eine Nixe namens Tsajadin. Sie besaß einen See.

Als Diener hatte sie den kleinen blauen Fischerjungen.

Und es gab einen Lama namens Urgyen Tulku.

Eines Tages sprach Lama Urgyen Tulku zu der Nixe Tsajadin und dem kleinen blauen Fischerjungen:

»Gebt acht! Heute abend werden Feinde euren See heimsuchen!«

Der kleine blaue Fischerjunge bereitete sich auf einen Kampf vor. Er besaß das Schwert Tshebja. Er begann das Schwert zu schleifen. Dabei sang er:

> »Mein, des Fischers Schwert Tshebja!
> Drei Jahre hat es nichts zerschnitten.
> Drei Jahre ward es nicht geschliffen.
> Drei Jahre ward es nicht geschwungen.«

Eifrig schliff er das Schwert des Abends.

Eifrig schliff er das Schwert in den ersten Stunden der Nacht.

Immer noch sang er:

> »Mein, des Fischers Schwert Tshebja!
> Drei Jahre hat es nichts zerschnitten.
> Drei Jahre ward es nicht geschliffen.
> Drei Jahre ward es nicht geschwungen.«

Der kleine blaue Fischerjunge schliff und schliff sein Schwert, doch nichts geschah. Er dachte bei sich: »Unsinn ist, was Lama Urgyen Tulku sagt. Wie kann der See auch Feinde haben?«

Er legte sich nieder und schlief.

Als er zur Zeit der Morgendämmerung aufwachte und umherschaute, war der See verschwunden. Eine Wüste

weißgrauen Geröllgesteins breitete sich vor ihm aus. Der
See war weggetrieben.
Wie ein Blitz eilte der kleine blaue Fischerjunge mit seinem
Schwert davon:

> In großen Tälern machte er große Sprünge,
> in kleinen Tälern machte er kleine Sprünge ...

Hoch oben auf einem Paß hielt er inne und schaute umher.
Unter sich sah er den Koch Jama Kelen.
Er sah die Königin Nyinza Nyintong.
Er sah den Wanderlama Here Nakpo.
Die drei hatten den See weggetrieben. Sie hatten ihn unten
am Paßkopf schlafen gelegt.
Der kleine blaue Fischerjunge sang vom Paß herunter:

> »Ich, Fischer, ich bin ein großer Sünder!
> Du, Wanderlama, du bist ein sicherer Kandidat des
> Todes!

Mein, des Fischers Schwert Tshebja!
Drei Jahre hat es nichts zerschnitten!
Drei Jahre ward es nicht geschliffen!
Drei Jahre ward es nicht geschwungen!
Deinen Oberkörper werde ich in den oberen Teil
des Tales schleudern!
Deinen Unterkörper werde ich in den unteren Teil
des Tales schleudern!
Deine Rumpfmitte werde ich in die Zwischenregio-
nen schleudern!«

»Gebt den See zurück! Gebt ihn zurück!« befahl er.
Und noch einmal sang er:

»Ich, Fischer, ich bin ein großer Sünder!
Du, Wanderlama, du bist ein sicherer Kandidat des
Todes!
Mein, des Fischers Schwert Tshebja!
Drei Jahre hat es nichts zerschnitten!
Drei Jahre ward es nicht geschliffen!
Drei Jahre ward es nicht geschwungen!
Deinen Oberkörper werde ich in den oberen Teil
des Tales schleudern!
Deinen Unterkörper werde ich in den unteren Teil
des Tales schleudern!
Deine Rumpfmitte werde ich in die Zwischenregio-
nen schleudern!

»Gebt den See zurück!« befahl er noch einmal.
Sie gaben ihm den See zurück. Er nahm ihn in Empfang und
trieb ihn hoch oben auf den Paß. Für eine Weile legte er ihn
ruhig und schaute sich um. Er sah, daß die anderen ihn
verfolgten.
»Aha«, dachte der kleine blaue Fischerjunge, »immer noch
wollen sie nicht ablassen vom See!« Er rannte zurück und
rief ihnen zu:

»Ich, Fischer, ich bin ein großer Sünder!
Du, Wanderlama, du bist ein sicherer Kandidat des
Todes!

Mein, des Fischers Schwert Tshebja!
Drei Jahre hat es nichts zerschnitten!
Drei Jahre ward es nicht geschliffen!
Drei Jahre ward es nicht geschwungen!
Deinen Oberkörper werde ich in den oberen Teil
des Tales schleudern!
Deinen Unterkörper werde ich in den unteren Teil
des Tales schleudern!
Deine Rumpfmitte werde ich in die Zwischenregio-
nen schleudern!«

Der kleine blaue Fischerjunge schwang sein Schwert.
Den Oberkörper schleuderte er in den oberen Teil des
Tales.
Den Unterkörper schleuderte er in den unteren Teil des
Tales.
Die Rumpfmitte schleuderte er in die Zwischenregionen.
Er eilte zurück zum See, trieb ihn vor sich her und gab ihn
der Nixe Tsajadin zurück.
Die Nixe Tsajadin sprach zu dem kleinen blauen Fischer-
jungen: »Du hast mir das Leben gerettet! Du hast mir einen
großen Dienst erwiesen! Was immer du dir wünschst, ich
werde es dir geben!«
»Oh, du besitzt einen spitzförmigen Kristall, den möchte
ich haben!« bat der kleine blaue Fischerjunge.
»Den spitzförmigen Kristall kann ich dir unmöglich geben!
Er ist Halt und Stütze des gesamten Universums! Ich kann
ihn dir nicht geben! Ich werde dir die Stütze der irdischen
Welt geben!« Sie gab ihm eine bunte Glasperle.
Der kleine blaue Fischerjunge dachte: »Wie kann das sein?
Wie kann diese bunte Glasperle der Welt Halt und Stütze
sein?«
Zu der Nixe sprach er: »Erlaube, daß ich Lama Urgyen
Tulku befrage, ob das auch seine Richtigkeit hat!«
Der kleine blaue Fischerjunge begab sich zu Lama Urgyen
Tulku und fragte: »Diese bunte Glasperle soll die Stütze der
irdischen Welt sein! Ist das wahr?«

»Es ist wahr«, sprach Lama Urgyen Tulku, »sie ist wirklich und wahrhaftig Halt und Stütze der irdischen Welt! Die Nixe Tsajadin hat dich überaus großzügig belohnt! Sie hat dir etwas sehr Wertvolles anvertraut! Zerbrich sie nicht! Zerschlag sie nicht! Wirf sie nicht fort! Verlier sie nicht!«

Der kleine blaue Fischerjunge war zufrieden und machte sich auf den Rückweg. Unterwegs erst wurde ihm klar: »Wie kann das sein? In dem Jahr, als mein Vater starb, lud ich Lama Urgyen Tulku zu uns ein. Damals war er ein alter Mann! Jetzt ist er ein Jüngling! Ich will wissen, was das auf sich hat! Ich muß ihn fragen!« Er machte kehrt und erschien wieder vor dem Lama.

»Lama Urgyen Tulku, in jenem Jahr, als mein Vater starb, lud ich Euch ein; derzeit wart Ihr ein alter Mann! Jetzt seid ihr ein Jüngling! Wie kommt das? Ihr seid doch in der Zwischenzeit nicht gestorben und wiedergeboren worden?« fragte er.

Lama Urgyen Tulku antwortete:

»Hundert Göttinnen der oberen Welten wuschen mich von irdischen Befleckungen rein!

Hundert Feen der Zwischenwelten wuschen mich von irdischen Befleckungen rein!

Hundert Nixen der unteren Welten wuschen mich von irdischen Befleckungen rein!

Djampar Thampy Semo wusch mich von irdischen Befleckungen rein!

Serdji Jümdrung Ndzima wusch mich von irdischen Befleckungen rein!

Lhata Ngampa Sergong wusch mich von irdischen Befleckungen rein!«

Begeistert rief der kleine blaue Fischerjunge:

»Sie sollen kommen und auch mich reinwaschen! Auch ich will reingewaschen werden!«

Der Lama antwortete: »Auf der ganzen Welt gibt es niemanden, der diese Waschungen ertragen kann, der sie erfassen kann. Schlag dir das aus dem Kopf!«

»Sie sollen kommen und mich reinwaschen! Ich lasse mich nicht davon abbringen!«

»Dann laß uns hinauf zum Dachgarten gehen; wir wollen sehen, ob du die Waschungen erhalten kannst!«

Sie gingen aufs Dach. Lama Urgyen Tulku rief die Göttinnen, die Feen und Nixen herbei. Er sang:

> »All ihr Göttinnen, all ihr Gotteskinder, erscheint der Reihe nach für die Waschungen!
> Gar groß sind, für Lama Urgyen Tulku, die Hindernisse in diesem Jahr!
> All ihr Feen, all ihr Feenkinder, erscheint der Reihe nach für die Waschungen!
> Gar groß sind, für Lama Urgyen Tulku, die Hindernisse in diesem Jahr!
> All ihr Nixen, all ihr Nixenkinder, erscheint der Reihe nach für die Waschungen!
> Gar groß sind, für Lama Urgyen Tulku, die Hindernisse in diesem Jahr!
> Djampar Thampy Semo, erscheine für die Waschungen!
> Gar groß sind, für Lama Urgyen Tulku, die Hindernisse in diesem Jahr!
> Lhata Ngampa Sergong, erscheine für die Waschungen!
> Gar groß sind, für Lama Urgyen Tulku, die Hindernisse in diesem Jahr!
> Serdji Jümdrung Ndzima, erscheine für die Waschungen!
> Gar groß sind, für Lama Urgyen Tulku, die Hindernisse in diesem Jahr!«

Alle erschienen sie für die Waschungen. Sie wuschen den kleinen blauen Fischerjungen von irdischen Befleckungen rein.

Er wurde bewußtlos. Für einen Moment entschwanden ihm die Sinne. Als er wieder zu sich kam, sah er noch, wie Djampar Thampy Semo und Serdji Jümdrung Ndzima, verwandelt in einen weißbrüstigen und in einen braunbrüstigen Geier, himmelwärts davonflogen.

»Ich will sie mir einfangen! Das nächste Mal werde ich sie fangen! Ich bin fest entschlossen!« rief der kleine blaue Fischerjunge.

Lama Urgyen Tulku sprach: »Fangen willst du sie dir! In der ganzen Welt gibt es niemanden, der das vermag! Es gibt niemanden, der sie ertragen, dessen Geist sie erfassen könnte! Mache dir keine Illusionen!«

»Wenn ich sie nicht einfangen kann, dann werde ich eben die bunte Glasperle zerbrechen!« drohte der kleine blaue Fischerjunge und legte zwei Steine zurecht: den großen unten, den kleinen oben. »Bist du wahnsinnig?« rief Lama Urgyen Tulku. »Zerbrich sie nicht! Zermalm' sie nicht! Sie ist Halt und Stütze der irdischen Welt... Gehe zu Nixe Tsajadin! Leihe dir das Juwelenlasso!

Wenn sie dich fragt: ›Versprichst du, Djampar Thampy Semo nicht zu fangen?‹, so sage: ›Ich verspreche es!‹

Wenn sie dich fragt: ›Versprichst du, Lhata Ngampa Sergong nicht zu fangen?‹ so sage: ›Ich verspreche es!‹

Wenn sie dich fragt: ›Versprichst du, Serdji Jümdrung Ndzima nicht zu fangen?‹ so sage: ›ich verspreche es!‹

Wenn sie dir dann das Juwelenlasso geliehen hat, sage: ›Gar nichts habe ich versprochen!‹

Komme mit dem Lasso unverzüglich her!«

Der kleine blaue Fischerjunge eilte hin zur Nixe Tsajadin.

»Leihe mir das Juwelenlasso!« sprach er.

»Falls du vorhast, Djampar Thampy Semo einzufangen ...

Versprichst du, sie nicht zu fangen?« fragte die Nixe.

»Ich verspreche es!« antwortete er.

»Falls du vorhast, Serdji Jümdrung Ndzima einzufangen ...

Versprichst du, sie nicht zu fangen?«

»Ich verspreche es!«

»Falls du vorhast, Lhata Ngampa Sergong einzufangen ...

Versprichst du, sie nicht zu fangen?«
»Ich verspreche es!«
Die Nixe Tsajadin lieh ihm das Juwelenlasso. Sobald er es in
Händen hielt, rief er: »Gar nichts habe ich versprochen!«
und rannte mit dem Lasso davon.
Er begab sich zu Lama Urgyen Tulku.
Während Lama Urgyen Tulku Göttinnen, Feen und Nixen
herbeisang, hielt der kleine blaue Fischerjunge das Juwelen-
lasso bereit. Lama Urgyen Tulku sang:

> »All ihr Göttinnen, all ihr Gotteskinder, erscheint
> der Reihe nach für die Waschungen!
> Gar groß sind, für Lama Urgyen Tulku, die Hinder-
> nisse in diesem Jahr!
> All ihr Feen, all ihr Feenkinder, erscheint der Reihe
> nach für die Waschungen!

Gar groß sind, für Lama Urgyen Tulku, die Hindernisse in diesem Jahr!
All ihr Nixen, all ihr Nixenkinder, erscheint der Reihe nach für die Waschungen!
Gar groß sind, für Lama Urgyen Tulku, die Hindernisse in diesem Jahr!
Djampar Thampy Semo, erscheine für die Waschungen!
Gar groß sind, für Lama Urgyen Tulku, die Hindernisse in diesem Jahr!
Lhata Ngampa Sergong, erscheine für die Waschungen!
Gar groß sind, für Lama Urgyen Tulku, die Hindernisse in diesem Jahr!
Serdji Jümdrung Ndzima, erscheine für die Waschungen!
Gar groß sind, für Lama Urgyen Tulku, die Hindernisse in diesem Jahr!«

Alle Göttinnen, Feen und Nixen erschienen für die Waschungen.
Als sie ihre Waschungen beendet hatten, verwandelte sich Djampar Thampy Semo in einen weißbrüstigen Geier. Serdji Jümdrung Ndzima verwandelte sich in einen braunbrüstigen Geier. Gerade als sie davonfliegen wollten, schwang der kleine blaue Fischerjunge das Juwelenlasso. Serdji Jümdrung Ndzima ward gefangen.
Lama Urgyen Tulku sprach:
»Kleiner blauer Fischerjunge, höre zu! Dein Geist ist nie und nimmer fähig, Serdji Jümdrung Ndzima zu erfassen! Neben ihr kannst du nicht bestehen! Gib sie Serdji Tchoho Norsang! Nimm du dir seine Frau!«
»Ist gut«, sagte der kleine blaue Fischerjunge.
Der kleine blaue Fischerjunge gab Serdji Tchoho Norsang seine Braut, die eingefangene Serdji Jümdrung Ndzima. Er erhielt die Frau des Serdji Tchoho Norsang. Mit ihr lebte er in Zukunft zusammen.

Serdji Jümdrung Ndzima und Serdji Tchoho Norsang lebten von nun an als Mann und Frau zusammen.

Der Vater des Serdji Tchoho Norsang war ein Dämon, Tchara Hardeng war sein Name. Seine Mutter war eine Göttin.

Serdji Jümdrung Ndzima war die Inkarnation einer Göttin der höchsten himmlischen Gefilde. War es nicht so?

Tchara Hardeng, der Vater des Serdji Tchoho Norsang, dieser Dämon, beriet sich im Kreise der Dämonen. Er sprach: »Seit diese Serdji Jümdrung Ndzima auf der Erde weilt, ist es uns nicht mehr gelungen, auch nur einen Menschen, auch nur ein Pferd zu töten! Wir müssen sie uns aus dem Wege schaffen! Doch das ist nicht einfach; sie ist die Gemahlin meines Sohnes Serdji Tchoho Norsang. Um sie töten zu können, werden wir Serdji Tchoho' Norsang in den Krieg schicken! Wir werden zu ihm sagen: ›Junge, in China ist Krieg!‹ Wir werden ihn in den Krieg schicken! Während dieser Zeit töten wir sie!«

Da Serdji Jümdrung Ndzima eine Göttin war, wurde sie der Pläne der Dämonen gewahr.

Und als Vater Tchara Hardeng zu seinem Sohn sprach: »Junge, im unteren Chinalande ist Krieg! Du muß in den Krieg ziehen!« da bat Serdji Jümdrung Ndzima: »Laßt mich mit ins untere Chinaland ziehen!«

»Ah, Mädchen!« sprach Vater Tchara Hardeng, »Bräute, Frauen und Kinder haben im Krieg nichts verloren! Du bleibst!«

»Ich bleibe auf keinen Fall hier!« entgegnete sie. »Laßt mich für drei Jahre mit ihm ziehen.«

»Mädchen! Bräute, Frauen und Kinder haben im Krieg nichts verloren! Du bleibst!«

»Wenn drei Jahre eine zu lange Zeit sind, so laßt mich für drei Monate mit ihm ziehen!« bat sie.

»Frauen haben im Krieg nichts verloren! Du bleibst hier!«

Schließlich bat sie: »Wenigstens für drei Tage laßt mich mit ihm ziehen!«

Es wurde ihr erlaubt.

Unterwegs sprach sie zu Serdji Tchoho Norsang:

»Wisse, es gibt keinen Krieg im unteren Chinaland! Und ob ich, Serdji Jümdrung Ndzima, hier auf Erden eine Bleibe haben werde, ist ungewiß. Im Falle, daß ich nicht bleiben kann und du dich, wenn du zurückkommst, nach mir sehnst, dann bitte Lama Urgyen Tulku um Wegweisung!«

Auch die Mutter des Serdji Tchoho Norsang begleitet den Sohn für drei Tage. Die Mutter verwahrte den Ring Serxa Nyima Rangcha. Sie verwahrte die Räuchersubstanz Lhaze Rehau Khangde.

Serdji Tchoho Norsang sprach zu seiner Mutter: »Mag sein, daß die Menschen Serdji Jümdrung Ndzima ein Bleibe in dieser Welt verweigern! Wenn Feinde oder irgendein Unheil sie bedrohen, dann übergib ihr Serxa Nyima Rangcha, dann übergib ihr Lhaze Rehau Khangde!«

Nach drei Tagen machten sich die Mutter und Serdji Jümdrung Ndzima auf den Rückweg.

Am Himmel flogen drei Geier: ein gelbbrauner, ein weißbrüstiger und ein braunbrüstiger.

Serdji Jümdrung Ndzima sang:

> »Der Geier, der voneweg fliegt,
> ist der Geiervater.
> Der Geier, der in der Mitte fliegt,
> ist die Geiermutter.
> Der Geier, der hintendrein fliegt,
> ist das Geierkind.
> Ich habe keinen Vater!
> Ich habe keine Mutter!«

Serdji Jümdrung Ndzima weinte. Die Mutter versuchte zu trösten und sang:

> »Schwester, weine nicht! Komm!
> Wir zwei, Mutter und Schwiegertochter,

werden in unseren prächtigen Gemächern
glücklich und in Freuden leben!«

In der Ferne sahen sie drei Wildesel auftauchen. Serdji
Jümdrung Ndzima sang:

>Der Wildesel, der vorneweg trabt,
ist der Wildeselvater.
Der Wildesel, der in der Mitte trabt,
ist die Wildeselmutter.
Der Wildesel, der hintendrein trabt,
ist das Wildeselkind.
Ich habe keinen Vater!
Ich habe keine Mutter!«

Immer noch weinte Serdji Jümdrung Ndzima. Wieder versuchte die Mutter sie zu trösten. Sie sang:

>Schwester, weine nicht! Komme!
Wir zwei, Mutter und Schwiegertochter,
werden in unseren prächtigen Gemächern
glücklich und in Frieden leben!«

Mutter und Schwiegertochter erreichten das heimatliche
Schloß. In ihren prächtigen Gemächern ließen sie sich nie-
der.
Die Mutter dachte: »Ich glaube zwar nicht, daß Serdji
Jümdrung Ndzima irgendwelche Feinde zu befürchten hat;
sicherheitshalber will ich aber einmal nachschauen.«
Sie ging hinauf auf den Korallendachgarten und schaute
umher. Sie sah das Dämonenheer mit Vater Tchara Hardeng
als Anführer. Sie hatten das Schloß bereits von allen Seiten
her umstellt.
»Serdji Jümdrung Ndzima!« rief die Mutter, »das Dämo-
nenheer, mit Vater Tchara Hardeng an der Spitze, hält das
Schloß umzingelt!«
In aller Eile übergab sie ihr den Ring Serxa Nyima Rang-
cha.
In aller Eile übergab sie ihr die Räuchersubstanz Lhaze
Rehau Khangde.

Serdji Jümdrung Ndzima weigerte sich, die helfenden Gaben anzunehmen. Sie sprach: »Wenn dein Sohn Tchoho Norsang zurückkommt und den Wunsch hat, zu mir zu gelangen, so wird er Lhaze Rehau Khangde dazu benötigen; so wird er Serxa Nyima Rangcha dazu benötigen! Gebt sie ihm! Lama Urgyen Tulku soll er um Rat bitten, wie er zu mir gelangen kann!«

Serdji Jümdrung Ndzima breitete ihre Schwingen aus und flog zurück in das obere Land der Götter.

Serdji Tchoho Norsang hatte unterdessen das untere Chinaland erreicht. In China war kein Krieg. Sogleich trat er wieder den Rückweg an.

Er hatte seine beiden Seelenvögel dabei und befragte sie:

>»Ihr zwei Brüder! Liebe Vögel! Liebe Seelenvögel!
>Liebe Seelenvögel! Freunde! Brüder!
>Falls der Vater wohlauf ist,
>umkreist hundertmal dieses Tablett mit Butter und Tsampa,
>umkreist hundertmal diese Standarte, den Pfeil mit bunten Seidenbändern!«

Die Vögel kreisten um Tsampa und Butter rechts herum. Sie kreisten um die Standarte links herum.

>»Ihr zwei Brüder! Liebe Vögel! Liebe Seelenvögel!
>Liebe Seelenvögel! Freunde! Brüder!
>Falls die Mutter wohlauf ist,
>umkreist hundertmal dieses Tablett mit Butter und Tsampa,
>umkreist hundertmal diese Standarte, den Pfeil mit bunten Seidenbändern!«

Sie kreisten rechts herum. Sie kreisten links herum.

>»Ihr zwei Brüder! Liebe Vögel! Liebe Seelenvögel!
>Liebe Seelenvögel! Freunde! Brüder!
>Falls das Mädchen wohlauf ist,
>umkreist hundertmal dieses Tablett mit Butter und Tsampa,

umkreist hundertmal diese Standarte, den Pfeil mit
bunten Seidenbändern!«

Die Vögel rührten sich nicht. Sie verharrten. Den Kopf
gebeugt, lausten sie ihre Brustfedern.
Wieder sang Serdji Tchoho Norsang:

»Ihr zwei Brüder! Liebe Vögel! Liebe Seelenvögel!
Liebe Seelenvögel! Freunde! Brüder!
Falls das Mädchen wohlauf ist,
umkreist hundertmal dieses Tablett mit Butter und
Tsampa,
umkreist hundertmal diese Standarte, den Pfeil mit
bunten Seidenbändern!«

Auch jetzt rührten die Vögel sich nicht. Den Kopf gebeugt,
ihre Brustfedern lausend, verharrten sie.

Serdji Tchoho Norsang schwang sich auf sein Pferd, das an
einem Tag die Welt zu durchmessen vermag:

in großen Tälern machte es große Sprünge,
in kleinen Tälern machte es kleine Sprünge ...

Im Nu kam er zu Hause an. Der Vater Tchara Hardeng kam
ihm entgegen und sang:

»Lieber Sohn, du zogst aus in ferne Lande ...
Wie trafst du es an? Gut oder schlecht?«

Der Sohn antwortete:

»Dein Sohn zog aus in ferne Lande.
Gut traf er es an. Alles war gut!
Lieber Vater, du bliebst daheim ...
Wie erging es Euch hier? Gut oder schlecht?«

Der Vater:

»Dein Vater blieb daheim.
Gut war alles! Alles war gut!«

»Nein, es ist nicht wahr!«, rief er dann, machte kehrt und eilte davon.

Die Mutter kam ihm entgegen und sang:

> »Lieber Sohn, du zogst aus in ferne Lande ...
> Wie trafst du es an? Gut oder schlecht?«

Der Sohn:

> »Dein Sohn zog aus in ferne Lande.
> Gut traf er es an! Alles war gut!
> Liebe Mutter, du bliebst daheim ...
> Wie erging es Euch hier? Gut oder schlecht?«

Die Mutter:

> »Deine Mutter blieb daheim.
> Die Lage daheim war nicht gut, ist nicht gut!
> Serdji Jümdrung Ndzima ist in den Himmel geflo-
> gen!«

»Oh, wenn das so ist, dann bleibt mir nichts mehr! Wenn das Mädchen nicht mehr da ist, dann hat das Leben für mich keinen Sinn!«

Serdji Tchoho Norsang verfiel in tiefe Verzweiflung. Er weinte, er schluchzte, er krümmte und wälzte sich in Seelenschmerz.

Die Mutter versuchte zu trösten:

> »Sohn, weine nicht! Komme!
> Wir zwei, Mutter und Sohn,
> werden in unseren prächtigen Gemächern
> glücklich und in Freuden leben!«

»Außerdem habe ich dir Erfreuliches mitzuteilen!« sprach sie.

Gemeinsam begaben sie sich in ihre prächtigen Gemächer. Die Mutter berichtete, was Serdji Jümdrung Ndzima ihr aufgetragen hatte. Sie gab ihm den Ring Serxa Nyima Rangcha. Sie gab ihm die Räuchersubstanz Lhaze Rehau Khangde.

Sie sprach: »Falls du in das Land der Götter zu gelangen wünschst, so bitte Lama Urgyen Tulku um Wegweisung! Du kannst ins Land der Götter gelangen!«
Serdji Tchoho Norsang begab sich sogleich zu Lama Urgyen Tulku.
»Serdji Jümdrung Ndzima ist in den Himmel, ist in das Land der Götter geflogen. Bitte, sagt mir, wie auch ich dorthin gelangen kann!« bat er.
»Ich habe keine Ahnung! Ich weiß nicht, wie man hoch und runter geht!« antwortete barsch Lama Urgyen Tulku.
Enttäuscht und tieftraurig sagte Serdji Tchoho Norsang: »Dann stürze ich mich in den Ozean!« und ging.
Lama Urgyen Tulku war in dem Moment ein wenig geistesabwesend. Als es wieder klar um ihn wurde, dachte er: »O je, was sagte er doch? Was er wohl jetzt tun mag?«
Er ging hinauf auf den Korallendachgarten und schaute sich um. Da sah er, wie Serdji Tchoho Norsang drauf und dran war, in den Ozean zu springen. »Komm zurück! Komm zurück!« schrie er ihm zu. »Ich werde dir den Weg zeigen!«
Serdji Tchoho Norsang kam zurück. Lama Urgyen Tulku sprach:
»Es gibt drei Regenbogen, einen oberen, einen unteren, einen mittleren. Der obere Regenbogen ist weiß. Gehe du auf dem weißen Regenbogen! Räuchere jeden Tag einen kleinen Löffel von Lhaze Rehau Khangde, dann wirst du das Land der Götter erreichen!«
Nun räucherte Serdji Tchoho Norsang jeden Tag über dem Feuer ein klein wenig von Lhaze Rehau Khangde. Auf dem weißen Regenbogen gelangte er in die Nähe der Wasserstelle eines Anwesens.
Eine Dienerin kam Wasser holen.
Serdji Tchoho Norsang fragte: »Wessen Land ist das?«
»Es ist das Land der Djampar Thampy Semo, der Serdji Jümdrung Ndzima, der Lhata Ngampa Sergong«, antwortete sie.

»Bitte Serdji Jümdrung Ndzima, dieses Wasser heute selbst umzuschütten!« bat er.

Unbemerkt warf er den Ring Serxa Nyima Rangcha ins Wasser.

An diesem Tag weilte Serdji Jümdrung Ndzima auf dem Dach ihres Hauses. Sie gewahrte, wie ein Regenbogen aus dem Wasserkrug der nahenden Dienerin aufstieg und in einem zarten Gelb – lom lom lom lom – das Firmament umspannte.

Die großen Treppen flog sie herunter.
Die kleinen Treppen sprang sie herunter ...
Im Nu stand sie neben der Dienerin.

»Dienerin, ich schütte das Wasser um!« sprach sie.
»Unmöglich ist es sonst, Euch direkt zu begegnen«, bemerkte die Dienerin. »Nur auf Eurem Balkon zeigt Ihr Euch ab und an! Heute kommt Ihr und sagt: ›Ich schütte das Wasser um!‹ Ihr beleidigt mich!«
Die Dienerin wollte nicht zulassen, daß ihre Herrin das Wasser umschüttet.
»Ich will dich nicht beleidigen!« sagte Serdji Jümdrung Ndzima.
»Aber heute muß ich das Wasser umschütten!«
Sie nahm das Wasser und schüttete es in den großen Kupferkessel um. »Gakloo« machte es; der Ring Serxa Nyima Rangcha fiel herab. Schnell ergriff sie den Ring und steckte ihn in ihre Brusttasche.
»Heute werde ich Wasser holen gehen!« sprach sie. Den Wasserkrug schulternd, machte sie sich auf den Weg.
»Unmöglich ist es sonst, Euch direkt zu begegnen! Nur auf Eurem Balkon zeigt Ihr Euch ab und an! Und heute wollt Ihr Wasser holen gehen! Ihr beleidigt mich!« wehrte sich die Dienerin erneut.
»Das ist es nicht. Es ist keine Beleidigung! Ich muß heute unbedingt selbst das Wasser holen gehen!« Sie ging.
Als sie unten ankam, sah sie einen uralten Bettler mit ganz, ganz langem, verfilztem Haar.

»Ob das wohl Serdji Tchoho Norsang ist?« fragte sie sich. »Was das wohl zu bedeuten hat?« Sie schöpfte Wasser und setzte den Krug hoch, auf den Abstellplatz. Gerade als sie sich den Krug aufladen und gehen wollte, kam ihr ein Gedanke: »Serdji Tchoho Norsang hat oben auf der Stirn ein Muttermal!« Flink ergriff sie das verfilzte Haar und hob es hoch. Tatsächlich, da war das Muttermal!

»Bist du Serdji Tchoho Norsang?« fragte sie.

»Ich bin es«, antwortete er. Weiter sagte er nichts. Die überlange Trennung von ihr hatte ihn wortkarg werden lassen.

Serdji Jümdrung Ndzima führte ihn ins Haus. Auf dem Korallendachgarten ließ sie ihn Platz nehmen. Sie wusch ihn rein von den irdischen Befleckungen. Sie ließ ihre Segensströme durch ihn hindurch rieseln. Sie gab ihm reine Speisen zu essen. Sie kleidete ihn in reine Kleider. Die ganze Strahlkraft und Schönheit des Serdji Tchoho Norsang traten wieder hervor. Bald war er wieder der Serdji Tchoho Norsang, wie sie ihn früher gekannt.

Als er wieder völlig genesen war, ging Serdji Jümdrung Ndzima, um mit ihren Eltern zu sprechen. Sie sang:

»Was werdet Ihr tun, wenn ich einen Menschen herbringe,
der die gleichen Qualitäten wie der Vater hat?
Was werdet Ihr tun, wenn ich einen Menschen herbringe,
der die gleichen Qualitäten wie die Mutter hat?
Was werdet Ihr tun, wenn ich einen Menschen herbringe,
der die gleichen Qualitäten wie die Tochter hat?«

»Mädchen, lasse dich nicht ein mit den schwarzköpfigen Erdenwürmern dort unten! Bewahre dich!« war die Antwort der Eltern.

Das Mädchen ließ ein paar Tage verstreichen und versuchte es dann noch einmal. Sie sang:

>»Was werdet Ihr tun, wenn ich einen Menschen
herbringe,
der die gleichen Qualitäten wie der Vater hat?
Was werdet Ihr tun, wenn ich einen Menschen
herbringe,
der die gleichen Qualitäten wie die Mutter hat?
Was werdet Ihr tun, wenn ich einen Menschen
herbringe,
der die gleichen Qualitäten wie die Tochter hat?«

»Mädchen, lasse dich nicht ein mit den schwarzköpfigen
Erdenwürmern dort unten! Bewahre dich!« war die Ant-
wort der Eltern.
Kein weiteres Wort verloren sie darüber.
Nach vielen, vielen Tagen versuchte sie es noch einmal. Sie
sang:

>»Was werdet Ihr tun, wenn ich einen Menschen
herbringe,
der die gleichen Qualitäten wie der Vater hat?
Was werdet Ihr tun, wenn ich einen Menschen
herbringe,
der die gleichen Qualitäten wie die Mutter hat?
Was werdet Ihr tun, wenn ich einen Menschen
herbringe,
der die gleichen Qualitäten wie die Tochter hat?«

»Tochter, wenn du solch einen Menschen kennst, so bringe
ihn her!
Bringe ihn sogleich!« sagten nun die Eltern.
Sie errichteten einen goldenen Thron.
Sie errichteten einen silbernen Thron.
Sie errichteten einen Muschelthron.
Der Vater setzte sich auf den goldenen Thron.
Die Mutter setzte sich auf den silbernen Thron.
Die Tochter setzten sie ebenfalls auf einen goldenen
Thron.

Auf dem Muschelthron sollte Serdji Tchoho Norsang Platz nehmen.
Als jedoch Serdji Tchoho Norsang eintrat,
da sprang der Vater auf von seinem goldenen Thron;
das sprang die Mutter auf von ihrem silbernen Thron.
Die strahlende Erscheinung des Serdji Tchoho Norsang versetzte sie in Ehrfurcht. Sie drängten ihn, auf dem goldenen Thron Platz zu nehmen.
Serdji Jümdrung Ndzima überließen sie den silbernen Thron.
Sie selbst setzten sich auf den Muschelthron.
Gemeinsam lebten sie in Frieden und Herrlichkeit.
Glück und Freude waren dem Himmel gleich.
Die Sorgenblätter wurden mit den Wassern fortgetragen ...
In der Zwischenwelt, auf der Erde, trieb der kleine blaue Fischerjunge unterdessen allen Dämonen und vielköpfigen Menschenfressern ihr Unwesen aus.
Den Vater des Serdji Tchoho Norsang, Tchara Hardeng, diesen Dämonen, wickelte er in eine frische Yakhaut, die bald knochenhart wurde. Jeden Tag erhielt er ein kleines Stückchen Blutkuchen zu essen, damit er am Leben bleibe.
Serdji Tchoho Norsang und Serdji Jümdrung Ndzima weilten im Land der Götter. Serdji Tchoho Norsang träumte von seinen Eltern. Er wurde unruhig und sprach: »Laß uns hinuntergehen und sehen, wie es ihnen ergeht!«
Serdji Jümdrung Ndzima begab sich zu ihren Eltern und bat: »Wir zwei wollen einen Besuch auf der Erde machen! Wir bitten um Eure Erlaubnis!«
»Rauf und runter gehen gibt es nicht! Schlagt euch das aus dem Kopf! Geht ihr dennoch, brechen wir euch die Beine!« versetzten die Eltern.
Nach vielen Tagen bat das Mädchen erneut: »Vater, Mutter, wir zwei wollen irgendwann einmal in die Zwischenwelt hinabsteigen! Bitte, gebt Eure Erlaubnis!«
»Rauf und runter gehen gibt es nicht! Ihr bleibt! Etwas anderes kommt nicht in Frage! Geht ihr dennoch, brechen wir euch die Beine!«

Nach einigen Tagen bat Serdji Jümdrung Ndzima noch einmal: »Vater, Mutter, wir zwei wollen einen Besuch im Zwischenreich machen! Gebt uns Eure Erlaubnis!«

»Rauf und runter gehen kommt gar nicht in Frage! Wenn ihr gehen wollt, dann geht für immer! Eine Rückkehr gibt es nicht!« antworteten die Eltern.

Die beiden verließen die himmlische Heimat und ließen sich in das Zwischenreich, auf die Erde, hinab.

Als sie unten ankamen, hatte der kleine blaue Fischerjunge bereits die Dämonen und Menschenfresser unterworfen.

Die Gesetze der Götter hatten sich über die Welt hin durchgesetzt.

Klöster waren in großer Zahl errichtet.

Statuen und Schriften wurden in großem Umfange hergestellt. Der Vater Tchara Hardeng lag in knochenhart gewordener Yakhaut eingewickelt und erhielt täglich ein kleines Stückchen Blutkuchen zu essen.

Von nun an durfte auf Erden kein Mensch, kein Pferd mehr getötet werden. Keinem Lebewesen durfte ein Leid zugefügt werden.

Allen Wesen nahmen sie dieses Versprechen ab.

Die Wahrheit des Buddha verbreitete sich.

Die drei Juwelen wurden über alles gesetzt.

Friede und Glück zogen ein in die Welt ...

ERZÄHLMÄRCHEN

Der Froschbräutigam

Es gab einmal eine fürchterliche Alte. Diese Alte besaß rein gar nichts. Sie hatte nicht einmal genügend zu essen.

Eines Tages schwoll ihr Knie an. Das Knie begann zu schmerzen. Es schwoll von Tag zu Tag mehr an, wurde dicker und dicker.

Die Schmerzen wurden unerträglich. Das Knie war bereits so groß wie der Kopf eines Yaks; doch immer noch schwoll es weiter an.

Dann – nach neun Monden und zehn Tagen – platzte das Knie auf; heraus hüpfte ein Frosch.

Die Alte war todunglücklich und klagte: »Nun passiert mir auch noch so etwas! Alles Unglück dieser Welt kommt auf mich! Mein ganzes Leben lang verfolgt mich das Pech. Nie habe ich etwas besessen, nie hatte ich genug zu essen. Was man ein Zuhause, Ehe, gute Verwandte, Freunde nennt, nie habe ich solches gekannt. Nach alldem werde ich auch noch krank, und aus meinem Knie hüpft – was noch nie ein

Mensch gesehen und gehört – ein Frosch. Zerquetschen will ich ihn! Totschlagen will ich ihn!«

Sie legte zwei Steine zurecht: den großen unten, den kleinen oben, und machte Anstalten, den Frosch zwischen diesen zu zermalmen.

Da rief der Frosch: »Mutter! Bitte! Töte mich nicht! Ich werde dir von Nutzen sein!«

»›Mutter‹ hat er zu mir gesagt, von Nutzen wird er mir sein, sagt er. Welchen Nutzen mag er mir bringen? Wie kann er nützlich für mich sein?« dachte sie zweifelnd. Doch sie tötete ihn nicht. Als dann ihr Knie wieder heftig zu schmerzen begann und Blut und Eiter heraustraten, da dachte sie: »Es hilft nichts, ich muß ihn töten! Nur Schande bringt er mir! Niemals wird er mir von Nutzen sein! Wie könnte er auch? Nur Kummer und Sorgen beschert er mir.«

Wieder legte sie die Steine zurecht: den großen unten, den kleinen oben.

Der Frosch rief: »Mutter! Töte mich nicht! Von Nutzen werde ich dir sein!«

»Oh, nützlich wird er mir sein, sagt er. ›Mutter‹ hat er zu mir gesagt!« Sie tötete den Frosch nicht.

Doch eines Tages, als sie nichts zu essen, nichts zu trinken hatte, da dachte sie: »Nur Kummer und Sorgen habe ich! Ein Frosch ist mir aus dem Knie geboren. ›Mutter‹ sagt er zu mir. Ich schäme mich so deshalb! Kein Mensch hat je dergleichen gehört und gesehen! Unfaßbar, daß ich solches geboren habe! Aus den Augen will ich ihn mir schaffen! Töten will ich ihn!«

Sie legte die Steine zurecht: den großen unten, den kleinen oben.

»Mutter!« rief der Frosch, »töte mich nicht! Ich werde dir von Nutzen sein!«

Da sprach die Mutter: »Was immer du an Nützlichem zu tun vermagst, tue es!«

Da sie von ihm auf der Stelle verlangte, etwas zu tun, sprach der Frosch: »Mutter, soll ich ins Königshaus gehen und einen Sack Tsampa stehlen?«

»Wenn du das fertigbringst, so ist das besser als gut!«
bemerkte die Mutter.

»Du wirst sehen, daß ich zu stehlen vermag!« erwiderte der
Frosch.

Er ging zum Königshaus, stahl einen Sack voll Tsampa und
kam zurück.

»Mutter«, rief er, »hebe den Türvorhang hoch!«

»Komm doch herein, wo du herausgegangen bist!« rief die
Mutter zurück.

»Oh, ich könnte wohl dort hineinkommen, doch ich habe
hier einen vollen Tsampasack, der paßt nicht hindurch!«

»Kann das wahr sein?« dachte die Mutter und schaute
nach.

Tatsächlich, da stand der Frosch mit einem Sack Tsampa.

Eines Tages, als das ganze Tsampa aufgegessen war, da
sprach der Frosch: »Mutter, soll ich bei der Königsfamilie
ein Dzo stehlen gehen?«

»Oh, wenn du das fertigbringst, so ist das besser als gut!«
antwortete die Mutter.

Der Frosch ging.

Er kam zurück, das Dzo an der Leine mit sich führend.

»Mutter, öffne die Tür!« rief er.

»Komm doch herein, wo du herausgegangen bist!« rief die
Mutter zurück.

»Mutter, ich komme da wohl hindurch; doch ich habe das
Dzo bei mir, das paßt da nicht durch!«

»Ist das nun die Wahrheit oder nicht?« dachte die Mutter,
öffnete die Tür und schaute hinaus.

Tatsächlich, da stand der Frosch mit einem Dzo.

Eines Tages sprach der Frosch: »Mutter, soll ich beim
König um die Hand seiner Tochter anhalten?«

»Wenn du des Königs Tochter erlangen kannst, so ist das
besser als gut!« bemerkte die Mutter.

»Ich werde die Königstochter schon bekommen!« sagte der
Frosch.

»Ja gut, wenn du sie erhältst, so ist das besser als gut!«

»Ich erhalte sie!«

»Nun, wenn du deiner Sache so sicher bist, dann geh!«
forderte die Mutter ihn heraus.

Der Frosch ging. In einiger Entfernung vom Königshaus
klomm er auf einen Misthaufen, auf solch einen Misthaufen,
wie die Nomaden ihn aufzuschichten pflegen. Sodann rief er
mit lauter Stimme:

»Der König soll kommen! Der König soll kommen!«
Einer der niedrigen Minister kam.

Der Frosch schimpfte: »Eine bodenlose Beleidigung ist das!
Ich habe gesagt, der König soll kommen! Und nun kommst
du daher, ein mieser Minister!«

Der Minister berichtete dem König: »Ich war dort. Er sagte:
›Eine bodenlose Beleidigung ist es, daß du daherkommst.
Ich habe gesagt, der König soll kommen!‹ Er hat mich
fortgeschickt.

Es ist kein Mensch, der so gesprochen; es ist ein Frosch, der
auf einem Misthaufen sitzt.«

»Was soll das bedeuten? Was soll das bedeuten?« fragte sich
der König und schickte einen seiner mittleren Minister.

Der mittlere Minister ging zu dem Frosch.

»Daß du kommst, ist eine bodenlose Beleidigung! Habe ich
nicht gesagt, der König soll kommen? Daß du kommen
sollst, habe ich niemals gesagt!« schimpfte der Frosch wütend, so daß es dem anderen in den Ohren sauste.

Der Minister wurde zurückgeschickt. Nichts vermochte er
auszurichten.

Ein hoher Minister ging zu dem Frosch.

»Oh, was macht ihr? Ich habe gesagt, der König soll kommen! Daß du kommst, ist eine bodenlose Beleidigung!«
schimpfte der Frosch und schickte den Minister zurück.

Nun kam der König persönlich zu dem Frosch.

»Was ist los? Was hast du zu sagen? Du hast gesagt, ich soll
kommen! Nun, was hast du zu sagen?« fragte der König.

»Gib mir deine Tochter! Das habe ich zu sagen!« antwortete
der Frosch.

»Oh, du unverschämter, dreister alter Frosch! Denkst du
etwa, dir wird man die Tochter des Königs geben? Meinst

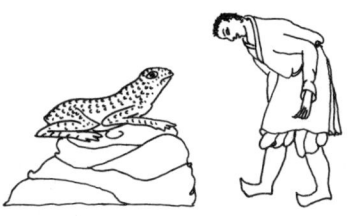

du, ich würde dir meine Tochter geben? Du unverschämter alter Frosch!« regte sich der König auf.

»Falls du mir deine Tochter nicht gibst, werde ich dich für einen langen lichten Tag so krumm wie einen krummen Bogen krümmen!« warnte der Frosch.

»Ach, du Nichtsnutz«, antwortete der König, »wenn du die Macht dazu hast, dann tu's doch!«

Der Frosch krümmte ihn krumm wie einen krummen Bogen.

»Oh, wenn du mich aus dieser Lage wieder befreist, werde ich dir meine Tochter geben!« winselte der König.

»In Ordnung«, sprach der Frosch.

Doch der König dachte nicht daran, seine Tochter herzugeben. Da sprach der Frosch: »Wenn du mir die Tochter nicht gibst, werde ich dich zu einem geraden dünnen Pfeil machen!«

Der König antwortete: »Wenn du die Macht dazu hast, dann tu's doch!«

Der Frosch ließ ihn wie einen langen, geraden dünnen Pfeil herumstolzieren.

»Bringe mich heraus aus dieser Lage! Die Tochter, ich will sie dir geben!« rief der König.

Wieder gab der König seine Tochter nicht her.

»Ah«, sprach der Frosch, »wenn du mir deine Tochter nicht gibst, werde ich dich zu einem machen, der sein ganzes Leben lang lauthals lachen muß!«

»Tu's doch!« antwortete der König, »wenn du die Macht dazu haben solltest!«

Der Frosch machte ihn zu einem, der bei Tag und bei Nacht aus dem Lachen nicht mehr herauskam, der vor lauter

Lachen die Maulsperre bekam, der Ober- und Unterkiefer nicht mehr zusammenzubringen vermochte.

»Mache das rückgängig! Mache das rückgängig! Ich gebe dir die Tochter!« winselte der König.

Doch wieder gab der König seine Tochter nicht her.

Da der Frosch den König schon wieder geheilt hatte, sprach er nun: »Wenn du mir deine Tochter nicht gibst, werde ich dich zu einem machen, der sein ganzes Leben lang weinen muß!«

»Ach, du Nichtsnutz!« sprach der König, »wenn du die Macht dazu hast, dann tu's doch!«

Der Frosch machte ihn zu einem, der bei Tag und Nacht nichts tat als weinen und schluchzen, der weder eine Arbeit verrichten noch schlafen noch essen konnte.

»Du bist wahrhaft ein ungewöhnliches Wesen«, sprach nun der König. »Es geht kein Weg daran vorbei, ich werde dir die

Tochter wohl geben müssen! Es hilft nichts! Ich gebe sie
dir!«
Der König gab ihm die Tochter. In der Königsfamilie suchte
man etwaige Verwandschaftsverhältnisse abzuklären. Man
traf die Hochzeitsvorbereitungen. Die Tochter erhielt ihre
Mitgift. Der Frosch führte sie als seine Braut mit sich fort.
Zu Hause angekommen, rief der Frosch: »Mutter, öffne die
Tür!«
»Komme doch herein, wo du herausgegangen bist!« rief die
Mutter.
»Ich komme wohl da hindurch, wo ich herausgegangen bin,
doch das Mädchen kommt nicht hindurch!«
Die Mutter dachte: »Das kann doch nicht wahr sein!« und
schaute nach. Da stand der Frosch mit dem Mädchen vor
dem Zelteingang. Er hatte tatsächlich die Tochter des Königs erlangt, hatte des Mädchens Besitzanteil erlangt. Er
hatte das Mädchen bekommen.
Sie errichteten ein großes Anwesen und lebten zusammen –
das Mädchen, der Frosch und die Mutter.
Wenn der Frosch mit dem Vieh in die Berge ging, dann
fehlte, wenn er zurückkam, auch nicht ein Tier. Er vermochte die Tiere beisammen zu halten und des Abends
vollständig in ihre Pirks zurückzutreiben.
Wenn der Frosch im Haus blieb, verrichtete er die Hausarbeiten aufs beste. Er verstand es, die köstlichsten Speisen
zuzubereiten und alles gemütlich herzurichten.

Das Mädchen dachte: »Das ist wirklich ein ungewöhnlicher Frosch! Wenn er als Viehhirte geht, geht auch nicht ein Tier verloren. Bleibt er im Haus, verrichtet er alle Hausarbeit aufs beste. Das ist wahrhaft höchst wundersam!«

Eines Tages veranstaltete der König ein großes Fest.

Das Mädchen sprach zu dem Frosch: »Der König veranstaltet ein Fest, auch wir zwei sollten hingehen! Ich möchte hingehen!«

»Ja, Mädchen, gehe du hin!« sagte der Frosch.

»Frosch, laß uns zusammen gehen!« bat sie.

»Ich mag nicht hingehen!« antwortete der Frosch. »Ich bin doch ein Frosch ... Wenn ich hingehe, wird man mich zertrampeln! Zwischen den vielen hin und her rennenden Menschen, Hunden und Pferden kann ich leicht unter die Hufe eines Pferdes geraten, und dann bin ich tot! Ich gehe nicht hin!«

»Der Frosch hat recht«, dachte das Mädchen. Sie zog ihre schönsten Kleider an, legte all ihren Schmuck an und ging alleine zum Fest.

Der Frosch, in Wirklichkeit ein göttliches Wesen, zauberte sich einen Apfelschimmel herbei, der wie das kleine Neb-Vögelchen seine Farben zu wechseln vermochte.

Er selbst legte sein Froschkleid ab und ritt zum Fest. In seiner wahren Gestalt war er anzuschauen wie eine göttliche Statue: so ebenmäßig, so edel, so rein und von so großer Ausstrahlungskraft ... Unter den versammelten Festtagsgästen gab es niemanden seinesgleichen.

Das Mädchen dachte: »Oh, daß es in dieser Welt etwas so Prächtiges gibt! Wenn ich doch solch einen Mann als Lebenspartner hätte! Schade, niemals werde ich jemanden bekommen wie ihn!«

Den ganzen Tag folgte sie ihm nach und bewunderte ihn. Sie konnte sich nicht satt sehen. Von den festlichen Veranstaltungen des Königs nahm sie keine Notiz.

»Ach, wäre es wunderbar, wenn ich jemanden wie ihn als Ehemann hätte! Wie prächtig er ist, welch eine feine Gestalt

er hat, wie edel er ist! Ach, wenn ich ihn doch als Partner
hätte!«
Er bemerkte, daß sie ihm den ganzen lieben langen Tag auf
Schritt und Tritt folgte und nur Augen für ihn besaß. Er ließ
darum seine Schönheit und Strahlkraft nur noch mehr
anwachsen.
Am Abend, als das Mädchen sich auf den Rückweg machte,
ließ er sich flugs auf einem Sonnenstrahl nach Hause tragen,
damit er vor ihr dort ankomme.
Zu Hause angekommen, legte er sein Froschkleid an, ver-
richtete die Küchenarbeit und richtete es so ein, daß er von
dem Herdruß genügend abbekam.
Das Mädchen stand noch ganz unter dem Eindruck des
Tages:
»Wie traurig, ich habe hier solch einen ekligen Frosch als
Ehemann! Ach, wäre es schön, wenn ich jemanden zum

Partner hätte, der so schön, so edel, so gut wäre wie der, den ich heute auf dem Fest gesehen habe!«

Als sie spät am Abend zusammenlagen, fragte der Frosch: »Was hast du denn heute alles auf dem Fest zu sehen bekommen!«

»Oh, auf dem Fest war heute ein Mann, so schön, so prächtig, wie es in ganz Tibet, wie es in der ganzen Welt niemanden gibt. Er war von solch edler Gestalt und Strahlkraft! Niemand in der Welt ist ihm gleich! Verglichen damit, war das Spektakel des Königs gar nichts!« erzählte das Mädchen.

»Wie kann das sein?« fragte der Frosch.

»Wirklich«, antwortete sie, »noch nie habe ich solch einen prächtigen, Ehrfurcht gebietenden Menschen gesehen!«

Der Frosch lächelte in sich hinein. Dann schliefen sie.

Am folgenden Morgen kreisten die Gedanken des Mädchens immer noch um die Begegnung des letzten Tages.

»Wie wunderbar, wie unvergleichlich er doch war!« dachte sie. Sie mochte nicht zu Hause bleiben. Sie sprach zu dem Frosch:

»Verrichte du die Hausarbeiten! Ich gehe heute in die Berge!«

Ihr war eine Idee gekommen! Sie tat nur so, als gehe sie in die Berge. Sie ging ein Stück weit, kehrte dann um, versteckte sich hinter einem Stapel Sachen und beobachtete den Frosch.

O Freude! Sie sah, wie der Frosch seine Froschhaut ablegte und sich an die Hausarbeit begab.

»Welch eine Freude! Er ist es! Wie ich mich freue!«

Sie wurde ganz aufgeregt vor Freude, konnte kaum noch einen klaren Gedanken fassen. »Was soll ich tun? Soll ich zu ihm hinrennen? Was ist jetzt das Klügste? Er hat sein Froschkleid abgelegt!«

Der prächtige Mensch ging, um Wasser zu holen.

Während er auf dem Weg zur Wasserstelle war, rannte das Mädchen vor, packte die Froschhaut und warf sie ins Feuer. Sodann ging sie in die Berge.

Am Abend kam sie mit den Tieren zurück.

Da ihr Ehemann kein Froschkleid mehr hatte, blieb ihm nichts anderes übrig, als sich in seiner wahren Gestalt zu zeigen. Schön und edel, wie er war, verrichtete er die Herdarbeit, kochte das Essen, reinigte die Töpfe.

Als sie eintrat, fragte er: »Mädchen, was hast du mit meiner Froschhaut gemacht?«

»Ich habe nichts gesehen!« antwortete sie.

»Was, was hast du mit der Froschhaut gemacht?« fragte er noch einmal.

»Meine Augen haben nichts gesehen! Ich verstehe nichts! Ich weiß nichts! Ich habe nichts gesehen!« log sie.

»Was soll das: ›Ich habe nichts gesehen! Ich weiß nichts!‹ Du hast heute meine Froschhaut verbrannt! Das wird kein gutes Ende nehmen!«

»Was ist? Wieso denn? Was ist denn los?« wollte nun das Mädchen wissen.

»Andere werden mich nun haben wollen. Andere Frauen werden um mich werben. Die Prinzessinnen werden mich als Bräutigam haben wollen. Der König wird mich als Minister haben wollen. Es war nicht richtig von dir, meine Froschhaut zu vernichten!«

Nun begann das Mädchen zu weinen und zu schluchzen.

»Was können wir denn tun, damit das nicht geschieht? Gibt es einen Ausweg?« fragte sie.

»Kleide mich in häßliche, abgetragene Kleider! Kleide mich in ein verrottetes Schaffell! Gib mir nur schlechtes Essen; denn wenn ich gutes Essen zu mir nehme, wird meine Schönheit und Strahlkraft nur noch mehr anwachsen! In häßlicher Kleidung, in einem verrotteten Lammfell, mein Gesicht mit Ruß verschmiert, werde ich von nun an in den Bergen leben! Aber komme mir nicht und sage: ›Ich möchte, daß du bei mir bist. Ich möchte, daß du mir immer nahe bist und so weiter‹. Hier zu Hause kann ich unmöglich bleiben, denn dann werde ich mir Feinde ohne Zahl machen! Alle Männer werden mich hassen. Der König wird mich hassen! Die Fürsten, die Minister werden mich hassen!

Ihre guten Frauen werden mich für sich haben wollen, und darum werden ihre Männer mich hassen! Ich kann nicht hier bleiben. Ich muß mich in die Berge zurückziehen. Nur hin und wieder werde ich bei Nacht zu dir kommen!«

Sein Gesicht beschmierte er mit dem Ruß des Herdes und dem Ruß der Tonkochtöpfe. Er zog ein verrottetes Schaffell an und ging in die Berge. Das Mädchen blieb zurück im Haus.

Von Zeit zu Zeit kam er des Abends, um bei ihr zu sein. Ihr Glück reichte bis an den Himmel hinan.

Die Sorgenblätter wurden von den Wassern fortgetragen.

Arrak und Butteröl tropften, tropften, tropften.

Buttermilch und Molke flossen in Strömen.

So lebten sie.

Die Hundebraut

Ein alter Mönch ging seines Weges. In der Gegend, die er gerade durchwanderte, gab es ein Anwesen. Die Familie dieses Anwesens hatte als Sohn eine Schlange.

Der alte Mönch sah, wie ein Bussard, eine Schlange im Schnabel, sich am Seeufer niederließ und drauf und dran war, auf die Schlange einzuhacken.

Den alten Mönch packte das Mitleid. Er dachte: »Ich muß die Schlange retten, sonst wird sie gefressen. Ich muß sie holen – die Arme!«

»Pehooo«, schrie er und verscheuchte den Bussard.

Er lief den Hang hinunter, nahm die Schlange, legte sie in seinen Hut und ging weiter seines Weges.

Bald darauf kamen ihm zwei weiße Reiter auf zwei weißen Pferden entgegen.

»Unser Sohn ist von einem Bussard fortgetragen worden! Hast du irgend etwas gesehen? fragten sie ihn.

»Einen Jungen, von einem Bussard fortgetragen, habe ich nicht gesehen. Ich sah, wie ein Bussard eine Schlange forttrug. Ich habe sie gerettet. Ich habe sie hier in meinem Hut. Von einem Jungen habe ich nichts gesehen«, antwortete der Mönch.

»Oh, die Schlange, das ist unser Sohn!« riefen die weißen Reiter.

»Du hast ihm das Leben gerettet! Du hast uns unendlich Gutes erwiesen! Was immer du brauchst, wir werden es dir geben!«

»Ist gut«, sagte der Mönch und gab den weißen Reitern den Schlangen-Sohn zurück.

»Wißt ihr«, sprach er, »ich bin ein alter Mönch. Ich habe nichts zu essen und nichts, um mich zu kleiden. Wenn ihr etwas habt, was ihr mir geben könnt, ich kann es gebrauchen.«

»Wir werden dir geben, was immer du dir wünschst!« versicherten die Reiter.

Sie nahmen ihn mit in ihr Heim und hießen ihn am Aschen-
platz sich niedersetzen. Sie versorgten den Mönch mit Tee
und Yoghurt und ließen ihn am Aschenplatz zurück. So-
dann gingen die Gastgeber erst einmal die Kühe melken.
In der Nähe des Aschenplatzes war ein gescheckter, kleiner
Hund angebunden.
Am Aschenplatz lag ein angekohlter Feuerstock.
Im dunklen Innern des Hauses stand ein dürrer, junger Yak,
der nichts als Dünnschiß hatte.
Über einem Stapel Sachen lag eine Yakhaardecke ...
Bevor sie melken gingen, sagte die Frau des Hauses zu dem
kleinen, gescheckten Hund: »Du! Plappere nicht!«
»Aha«, dachte der Mönch, »der Welpe hat also etwas zu
verraten! Ich muß ihn mir vorknöpfen! Ich will ihn ausquet-
schen!«
Als die anderen endgültig fort waren, sprach er zu dem
Welpen:

»Ich habe deiner Familie heute einen großen Dienst erwiesen. Sie sagten zu mir: ›Was immer du dir wünschst, wir werden es dir geben!‹ Kannst du mir raten, was ich mir wünschen soll?«

Der kleine, gescheckte Hund riet ihm:

»Sage: ›Gebt mir den kleinen, gescheckten Hund vom Aschenplatz!‹

Sage: ›Gebt mir den angekohlten Feuerstock vom Aschenplatz!‹

Sage: ›Gebt mir die Yakhaardecke, die den Stapel Sachen verdeckt!‹

Sage: ›Gebt mir den dürren, jungen Yak mit Dünnschiß aus dem dunklen Innern des Hauses!‹

Es gibt nichts Besseres, das du dir erbitten könntest!«

»Gut«, sagte der Mönch und wartete ab.

Das Ehepaar kam vom Kühemelken zurück und sprach:

»Du hast unserem Sohn das Leben gerettet! Du hast uns unendlich Gutes erwiesen! Was sollen wir dir als Zeichen unserer Dankbarkeit geben? Was brauchst du? Was immer du dir wünschst, wir werden es dir geben!«

Der Mönch sprach:

»Gebt mir den kleinen, gescheckten Hund vom Aschenplatz!

Gebt mir den angekohlten Feuerstock vom Aschenplatz!

Gebt mir die Yakhaardecke, die den Stapel Sachen verdeckt!

Gebt mir den dürren, jungen Yak mit Dünnschiß aus dem dunklen Innern des Hauses!

Um diese vier Dinge bitte ich euch!«

»Der kleine, gescheckte Hund vom Aschenplatz hat geplappert!« stöhnten sie und schlugen dem Hündchen mit dem Feuerstock dreimal auf den Kopf.

Sodann gaben sie dem Mönch den kleinen, gescheckten Hund vom Aschenplatz.

Sie gaben ihm den angekohlten Feuerstock vom Aschenplatz.

Sie gaben ihm die Yakhaardecke, die den Stapel Sachen verdeckt.

Sie gaben ihm den dürren, jungen Yak mit Dünnschiß aus dem dunklen Innern des Hauses.

Der alte Mönch machte sich auf den Weg.

Die Yakhaardecke trug er auf dem Rücken.

Den angekohlten Feuerstock trug er in der Hand.

Den dürren, jungen Yak trieb er vor sich her.

Der kleine, gescheckte Hund lief mit.

Sie kamen in eine verlassene Gegend. Der Mönch war hungrig. Er hatte nichts zu essen. Vor Hunger konnte er kaum noch weitergehen. Schwäche und Müdigkeit übermannten ihn. Halb schlafend torkelte er einher. Er dachte: »Der kleine Hund hat zu mir gesagt: ›Sage: Gebt mir den kleinen, gescheckten Hund! Sage: Gebt mir den angekohlten Feuerstock – der doch niemals von irgendwelchem Nutzen sein kann! Auch die Yakhaardecke ist nutzlos – essen kann man sie nicht, zum Schlafen taugt sie nichts! Und dieser dürre, kleine Yak – schlachtet man ihn, so erhält man nur Knochen und Sehnen! Eine Unglücksbringerin ist sie, diese kleine Hündin!«

In Verzweiflung und Wut verprügelte er die Hündin.

Danach legte er sich schlafen. Ihm träumte von Süßwurzeln mit ausgelassener Butter.

Als er aufwachte, standen an seinem Kopfende die köstlichen Süßwurzeln, schwimmend in heißer Butter. Es war so viel, daß er unmöglich alles verzehren konnte. Außerdem standen gekochtes Fleisch und starker Tee bereit.

Der Mönch wunderte sich sehr und dachte: »Ob die Hündin das vollbracht hat?«

Er ließ es sich schmecken, aß und trank ausgiebig und machte sich wieder auf den Weg.

Sie kamen in ein weites Tal, eine offene, leere Ebene breitete sich vor ihnen aus. Plötzlich rührte sich die kleine Hündin nicht mehr von der Stelle. Er verprügelte sie. Es half nichts. Sie rührte sich nicht vom Fleck. Es blieb ihm nichts anderes übrig, als dort, wo sie waren, zu kampieren.

Während er schlief, richtete der angekohlte Feuerstock sich auf und verwandelte sich in einen Zeltpfeiler.

Die Yakhaardecke verwandelte sich in ein Yakhaarzelt.
Der dürre, junge Yak verwandelte sich in Tiere aller Arten, welche die Berge und die Ebenen füllten.
Der Mönch war nicht wenig erstaunt. Konnte er doch jetzt ein riesengroßes Anwesen sein eigen nennen.
Nur die Hündin, schade, die Hündin blieb, was sie war, eine Hündin.
Von nun an bewirtschafteten er und die Hündin das Anwesen.
Bemerkenswert war, daß jederlei Arbeit, die die Hündin verrichtete, ihr aufs beste gelang.
Ging sie als Viehhirtin in die Berge, verlor sie auch nicht ein Tier. Blieb sie im Haus, kochte sie die köstlichsten Speisen. Alles, was sie anpackte, gelang.
Sie hatten mehr als genug zu essen. Sie hatten alle Reichtümer, die das Herz begehrt. Doch schade, die Hündin war und blieb eine kleine, gescheckte Hündin.
»Diese Hündin ist ein gar wundersames Wesen«, dachte der Mönch. »Ich möchte wissen, was das auf sich hat! Sie ist in allem so großartig! Wenn sie nur keine Hündin wäre! Sie ist eine Schande für mein Haus!«
Eines Tages gab er vor, mit den Tieren in die Berge zu gehen. Er ging ein Stück weit, kam zurück, versteckte sich hinter einem Stapel Sachen und beobachtete sie. Er sah, wie sie ihr Hundekleid ablegte und sich an die Arbeit begab.
Dem Mönch verschlug es den Atem. Sie war das schönste Wesen, das er jemals auf dieser Welt gesehen:
Ihr Antlitz glich einer Blume.
Ihre Gestalt glich einem Bambuspfeil.
Ihre Haare glichen einem frisch gekämmten Yakschwanz.
»Ich muß dieses Hundefell verbrennen!« dachte der Mönch.
Er wartete ab, bis sie sich weit genug entfernt hatte, sprang vor, erhaschte das Hundefell, schmiß es ins Feuer und ging sodann, seinen Tieren nach, in die Berge.

Als er des Abends zurückkehrte, fand er sie in ihrer schönen Gestalt vor.

Sie stellte ihn zur Rede: »Was hast du mit meinem Hundefell gemacht? Was hast du mit ihm gemacht?«

»Ich habe kein Hundefell gesehen!« log er.

»Was hast du mit ihm gemacht? Warum hast du das getan?«

»Ich weiß von nichts! Ich habe nichts gesehen!«

»Du hast mein Hundekleid vernichtet! Das war das Dümmste, was du tun konntest! Bald werde ich dir nicht mehr gehören! Der König wird kommen und mich als seine Braut fordern! Ist es das, was du wolltest? Hättest du das Hundekleid nicht vernichtet, hätten wir das ganze Leben lang friedlich beisammenbleiben können! Ich wäre deine Braut geworden! Das kann nun nicht mehr sein. Der König wird mich mitnehmen!«

Kleinmütig bekannte der Mönch: »Ich habe dein Hundekleid ins Feuer geworfen! Doch ich will dich nicht verlieren. Gibt es einen Weg, das Unheil abzuwenden? Ich will alles tun, was du von mir verlangst! Ich will, daß du bei mir bleiben kannst! Ich will dich nicht verlieren!« Und dabei heulte und schluchzte er.

»Ob du nun heulst oder nicht«, sprach sie, »es bleibt sich gleich. Ich werde dich verlassen müssen!«

»Was in aller Welt können wir tun, daß das nicht geschieht? Ich tue alles, was du von mir verlangst!« schluchzte er.

»Gut, von heute an bringe mir auch nicht einen einzigen Reisenden mit ins Haus! Nicht einmal jemanden so groß wie eine Ratte bringe mir her! Komme mir nicht und sage: ›Dies ist mein bester Freund! Dies ist ein weiser Mann, erhebend ist es, mit ihm zu sprechen!‹ Niemand darf von nun an unser Haus betreten; nur dann haben wir die Chance, in Frieden zu leben!«

Der Mann erklärte sich einverstanden. Für eine Weile war er bestrebt, nach ihren Wünschen zu handeln. Doch der Stolz und die Freude darüber, daß er solch eine Schönheit als Frau erlangt hatte, ließen ihn nicht los. Allzugerne hätte er sie aller Welt gezeigt. Und schließlich dachte er: »Was soll schon passieren! Den König und sein Gefolge will ich zu Gast bitten. Sie sollen sehen, was für eine Frau ich habe, in welch einem Reichtum ich lebe!«

Seiner Frau sagte er so nebenbei: »Irgendwann einmal werde ich den König mit seinem Gefolge einladen!«

Seine Frau war entsetzt. »Das tust du nicht! Es ist das Dümmste, was du tun kannst! Sie werden mich fordern! Sie werden mich mitnehmen!«

»Ach, du wirst schon nicht gehen müssen!« sprach er.

Es vergingen Tage. Es vergingen Wochen. Immer wieder sagte er: »Wir wollen den König einladen! Er soll sehen, in welch einem Reichtum ich lebe!«

Schließlich gab sie nach und sprach:

»Da du es nicht anders willst, lade ihn also ein!«

Der Mann lud den König mit seinem gesamten Gefolge zu Gast.

Die Schöne beschmierte sich ihr Gesicht mit Herdruß und mit dem Ruß von Tonkochtöpfen. Sie machte sich so häßlich wie nur möglich. Wie eine Dämonin wollte sie aussehen.

Der König und seine Leute fielen in Horden ein ...

In einem fort rief der Gastgeber seiner Frau zu:

»Lauf! Lauf! Mache dies, mache das! Lauf ins Haus! Lauf zur Tür! Schenke Tee ein! Biete Essen an! Lauf! Lauf! Schenke hier Tchang ein! Schenke dort Arrak ein!«

Die Frau rannte atemlos. Schweiß trat ihr aus den Poren. Schweiß rann ihr in Strömen über das Gesicht. Der Ruß löste sich. Das Weiße und Rote ihrer zarten Haut wurde sichtbar. Schließlich trat die volle Schönheit ihres Antlitzes zutage.

Der König sprach: »Deine Frau, ich will sie haben! Du hast sie herzugeben! Kein Weg geht daran vorbei! Sie wird die Königin des Landes werden!«

Am späten Abend, als sie alleine waren, ließ er seiner Verzweiflung freien Lauf. Er heulte und schluchzte, strampelte vor Wut, krümmte sich vor Verzweiflung und wimmerte: »Er hat gesagt, er will dich haben! Er wird dich holen! Du wirst mich verlassen!« Der Schmerz schien ihn zerreißen zu wollen. Er fiel zu Boden, als wolle er sterben.

»Da ist nichts zu machen«, sprach sie, »du hast es nicht anders gewollt! Zuerst hast du mein Hundekleid ins Feuer geworfen! Dann hast du Gäste ins Haus geholt, obwohl ich dich gebeten habe, niemanden einzuladen! Du hast nicht auf mich gehört! Es gibt keinen Ausweg! Du wirst nun alleine leben müssen!«

»Dann werde ich sterben!« verkündete er und wälzte sich erneut in Schmerz.

Am folgenden Tag kam der König und sprach: »Heute oder morgen hast du mir deine Frau zu bringen! Ich verlasse mich darauf!«

»Ich werde sie Euch nicht bringen!« antwortete der Ehemann.

»Da du sie nicht freiwillig hergeben willst, so laß uns um sie einen Wettkampf austragen! Wir werden den Berg hinter dem Königshaus um die Wette mit Seidentüchern einwickeln! Wer den größeren Teil des Berges zu umwickeln fähig ist, der soll sie zur Braut gewinnen!«

Der Mann ging zu seiner Frau und berichtete: »Der König fordert, daß wir im Wettstreit den Berg hinter dem Königshaus mit Seiden umwickeln! Wer gewinnt, der soll dich zur Braut erlangen. Was sollen wir tun? Wir haben keine Seiden! Sag, was können wir tun?«

»Jetzt kommst du und hoffst, daß ich dir aus der Klemme helfe! Ich weiß nicht, woher wir so viele Seidentücher nehmen sollen! Ich werde dich wohl verlassen müssen!«

»Du weißt immer einen Rat! Bitte sag, was können wir tun?«

»Na gut«, sprach sie, »geh zu meiner Familie! Sag: ›Leiht mir die größere von den Seidenkisten!‹ Bring die Kiste her!«

Er ging zu der Familie der kleinen Hündin und sprach: »Leiht mir die größere der Seidenkisten!« Er erhielt sie.

Er begab sich schnurstracks zu dem Berg hinter dem Königshaus.

Er öffnete die Kiste. In der Kiste war eine kleinere Kiste. Er öffnete auch diese. Was er sah, enttäuschte ihn. »Das bißchen Seide wird nicht ausreichen, auch nur ein kleines Fleckchen des riesigen Berges zu bedecken«, dachte er. Außerdem gewahrte er, daß der König bereits den Bergkopf vollständig umwickelt hatte. Seufzend begann er dennoch mit dem Umwickeln des Berges. O Wunder, kaum hatte er begonnen, und schon war der ganze Berg mit Seide umspannt. Er hatte gewonnen.

Der König forderte einen weiteren Wettkampf.

»Wir werden einen Sack voll Gerste ausstreuen«, sprach er. »Wer alles, bis auf das letzte Korn, wieder aufzulesen vermag, der soll die Braut erhalten! Ohne einen fairen Wettkampf werden wir uns der Braut nicht bemächtigen!«

Der Ehemann eilte zurück zu seiner Frau.

»Ein Sack voll Gerste soll auf dem Boden verstreut werden! Um die Wette sollen wir die Körner auflesen! Kein Korn darf auf dem Boden zurückbleiben! Der Sack darf nicht mehr und nicht weniger enthalten als vorher! Wer das als erster fertigbringt, der soll dich zur Braut bekommen! So will es der König! Was soll ich tun? Bitte sage, was ich tun soll! Du weißt stets einen Rat!«

»Nun kommst du und willst, daß ich dir aus der Klemme helfe! Ich weiß keinen Rat! Ich werde dich wohl verlassen müssen!« antwortete sie.

Wieder heulte er. Wieder schluchzte er. Wieder wälzte er sich vor Verzweiflung am Boden. Wieder wimmerte er: »Es darf nicht geschehen, daß du mich verlassen mußt! Was können wir tun? Bitte!«

»Nun gut«, seufzte sie, »geh zu meiner Familie! Gib die Seidenkiste zurück! Sag: ›Leiht mir den größeren der Vogelkäfige, den mit den kleinen Vögelchen!‹ Bring ihn her!«

Er begab sich zur Familie der kleinen Hündin. Er gab die Seidenkiste zurück und sprach: »Leiht mir den größeren der Vogelkäfige, den mit den kleinen Vögelchen!«

Er erhielt den Käfig und begab sich sogleich zum Wett-
kampfplatz. Der König hatte bereits alle Kinder seiner
Untertanen angewiesen, die verstreuten Gerstenkörner aufzulesen. Eifrig waren die Kinder bemüht, seinen Befehl
auszuführen.

Der Ehemann öffnete den Vogelkäfig. Die Vögelchen
schwärmten aus und hatten im Nu alle Körner aufgepickt.
In dem Sack war nicht mehr und nicht weniger als zuvor.
Kein einziges Korn blieb auf der Erde zurück. Des Kö-

nigs Sack war nicht einmal bis zu den Sackgriffen gefüllt. Er hatte gewonnen.

Der König forderte einen weiteren Wettkampf. Er sprach: »Heute, beim Körneraufflesen, hast du gewonnen. Doch morgen wollen wir zwei Yakbullen miteinander kämpfen lassen! Wessen Yakbulle gewinnt, der soll die Braut erlangen! Ohne einen fairen Wettkampf werden wir uns der Braut nicht bemächtigen!«

Der Ehemann eilte zurück zu seiner Frau.

»Der König befiehlt Yakbullen miteinander kämpfen zu lassen! Wessen Yakbulle gewinnt, der soll dich als Braut erlangen! Wir aber, wir haben keinen Yakbullen! Was sollen wir tun? Sag, was wir tun können! Sicher weißt du einen Rat!«

»Ich weiß wirklich keinen Rat«, sprach sie. »Ich kann nichts für dich tun! Warum hast du den König auch eingeladen? Ich weiß keinen Ausweg! Ich werde dich wohl verlassen müssen!«

Wieder heulte und schluchzte er. Wieder wälzte er sich in Schmerz. Wieder und wieder erbat er ihre Hilfe.

»Also gut«, seufzte sie, »geh zu meiner Familie! Gib den Vogelkäfig zurück! Sag: ›Leiht mir den größeren der Kälberkästen!‹ Bring ihn her!«

Er ging zu der Familie der kleinen Hündin. Er brachte den Vogelkäfig zurück und sprach: »Leiht mir den größeren der Kälberkästen!«

Er erhielt den Kälberkasten und begab sich damit schnurstracks zum Kampfplatz.

Doch was sah er dort! Der König hatte nicht einen Yakbullen, sondern einen Wildyak in die Arena geführt! Welcher Yakbulle wollte es mit einem Wildyak aufnehmen?!

Als der Ehemann den Kälberkasten öffnete, da stolperte ein erbärmlich hagerer, junger Yak heraus.

Der König dachte bei sich: »Leicht wird der Kampf heute werden! Dieses Kälbchen wird im Nu erledigt sein.« Er freute sich.

Als sie dann aber den Wildyak und das erbärmlich hagere
Kälbchen aufeinander losließen, da entwickelte der Kleine
unermeßliche Kräfte. Es dauerte nicht lange, und der Wildyak war besiegt.

»Ja«, sprach der König, »mein Wildyak war nicht erfolgreich. Du hast gewonnen! Dir gehört die Braut!«

Der Ehemann ging heim und lebte eine Weile in Frieden.
Eines Tages hielten sich Leute des Königs in der Nähe auf.
Sie waren auf einer Handelsreise.

Seine Frau sprach zu ihm: »Untersteh dich, zu diesen
Leuten hinzugehen! Sie werden einen Grund finden, mich
zu fordern und mitzunehmen! Geh nicht hin!«

Der Mann beugte sich ihren Wünschen und blieb im Haus.
Nach einiger Zeit kamen wieder Leute des Königs, um in
der Gegend Handel zu treiben. Der Mann konnte sich nicht
mehr beherrschen und ging hin. Er wickelte ein paar Geschäfte ab und half Teekisten und Kornsäcke von den Yaks

abladen. »Potchop Palama«, rief er und hievte sich einen Sack auf den Rücken.

Da riefen die Leute des Königs: »›Potchop‹ hast du gesagt?! Kein Mensch kennt dich hier! ›Potchop Palama‹, zu wem hast du so gesprochen? So hieß der Vater unseres Königs! Kein Jahr ist vergangen, seit er starb! Wer bist du? Woher kommst du? Gib uns den Vater zurück! Solltest du Potchop Palama nicht unverzüglich herbringen, wirst du etwas erleben! Deine Braut werden wir dir entreißen! Und nicht nur das, wir werden dich töten!«

Sie verprügelten ihn nach Strich und Faden.

Der Ehemann eilte zurück zu seiner Frau und sprach: »In die Maschen des Gesetzes bin ich geraten! Heute beim Kornhochliften habe ich wie immer ›Potchop Palama‹ gerufen. Sie haben mich verprügelt. Sie sagten, der Vater des Königs habe so geheißen. Kein Jahr sei vergangen, da er starb. Sie verlangen, daß ich ihn zurückgebe! Wenn ich ihn nicht zurückbringe, wollen sie dich mir entreißen! Sie wollen mich töten! Was kann ich tun? Bitte sage, was wir tun können!«

»Da ist guter Rat teuer!« sprach sie. »Ich weiß wirklich keinen Ausweg! Ich werde dich wohl verlassen müssen!«

Wieder weinte und schluchzte er. Wieder wälzte er sich in Schmerz. Wieder und wieder flehte er sie an zu helfen.

Schließlich erbarmte sie sich und sprach:

»Geh zu meiner Familie und gib den Kälberkasten zurück! Sag: ›Leiht mir den Kriegerkasten!‹ Bring ihn her, doch untersteh dich, unterwegs hineinzuschauen!«

Er begab sich zur Familie der kleinen Hündin, gab den Kälberkasten zurück und sprach: »Leiht mir den Kriegerkasten!«

Er erhielt den Kriegerkasten und begab sich auf den Rückweg.

Unterwegs ruhte er sich auf einer Felsenplatte ein wenig aus. Da hörte er es in dem Kasten rumoren. Alle nur möglichen Geräusche drangen an sein Ohr: Poltern, Klappern, Rasseln, Surren, Sausen, Brausen, Knallen, Klopfen, Hämmern,

Klingeln, Bimmeln ... »Was wohl in der Kiste sein mag?«
fragte er sich. »Nur ein klein wenig will ich sie öffnen und
einen Blick hineinwerfen! Sie hat mir zwar verboten hineinzuschauen, doch sie braucht es nicht zu erfahren. Außerdem
ist hier weit und breit kein Mensch; sie wird es nicht
erfahren!« dachte er.
Vorsichtig öffnete er den Kasten. Huii ..., daumenkopf-
große Krieger mit Bolzenhammern, Zangen, Messern und
Gewehren kamen herausmarschiert. Es waren Tausend-
und Zehntausendschaften winzig kleiner Krieger!
»Wen sollen wir schlagen? Wen sollen wir schlagen?«
schrien sie, bereit, mit ihren gefährlichen Waffen zuzuschla-
gen. Sie waren nahe daran, sich auf ihn zu stürzen.
Er war verdutzt und wußte nichts zu sagen. Doch dann, im
Angesicht des Todes, schrie er: »Schlagt den Felsen! Schlagt
den Felsen!«
Sie schlugen derart auf den Felsen ein, daß binnen kurzem
nur eine dunkle Staubwolke von ihm übrigblieb.
Verzweifelt, aber geistesgegenwärtig rief er: »Geht zurück!
Quirlig flink, in Reih und Glied, huschten sie in den Kasten
zurück.
Schnell verschloß er den Kasten und ging damit heim.
Seine Frau fragte: »Hast du in den Kasten geschaut?«
»Mitnichten«, log er.
»Gut«, sprach sie, »gehe morgen früh zum König und sage:
›Versammelt alle eure Untertanen! Ich werde Euch Euren
Vater Potchop Palama zurückgeben!‹«
Er ging zum König und sprach: »Versammelt alle Eure
Untertanen! Ich werde Euch Euren Vater Potchop Palama
zurückgeben! Wir wollen einen Festakt daraus machen!«
Der König dachte: »Dieser Mensch ist recht ungewöhnlich,
sicherlich wird es ein wunderliches Spektakel geben.«
Er versammelte alle seine Untertanen und achtete darauf,
daß alle hohen Würdenträger und alle Mächtigen des Landes der Einladung folgten. Der König sprach: »Heute ist ein
besonderer Tag! Nehmt bitte in der vorgeschriebenen Sitz-
folge Platz!«

Als sich alle wohlgeordnet, in langen Sitzreihen, niedergelassen hatten, öffnete der Ehemann seinen Kasten. Herausmarschiert kamen Tausend- und Zehntausendschaften daumenkopfgroßer Krieger, bewaffnet mit Eisenbolzhammern.

»Wen sollen wir vernichten?« riefen sie.

Da befahl er: »Schlagt den König! Schlagt die Königin! Schlagt die Minister, die Fürsten, die Lamas! Schlagt alle!«

Der König, die Königin, die Minister, die Fürsten, alle wurden zermalmt. Alles, was Rang und Namen hat, wurde getötet.

Als er sah, daß alle Großen dieser Welt vernichtet waren, da rief er: »Geht zurück! Geht zurück!«

Quirlig flink, in Reih und Glied, huschten die kleinen Krieger in den Kasten zurück.

Der Ehemann verschloß ihn gut und eilte zu seiner Frau. Voller Stolz berichtete er: »Ich habe den König getötet! Ich habe die Königin getötet! Ich habe die Minister getötet! Ich habe alle, alle getötet!«

»Oh, du Unheilstifter«, stöhnte die Frau, »das ganze Leben lang hast du mir nichts als Ärger und Kummer bereitet! Nur Bosheiten und Schlechtigkeiten hattest du im Sinn! Doch immerhin haben wir nun das Königreich erlangt.«

»Ja«, sprach der Ehemann, »von nun an regieren wir das Königreich! Einen göttlicheren und größeren Tag als den heutigen kann es nicht geben!«

Von nun an lebten sie in Frieden.

Glück und Freude waren dem Himmel gleich.

Die Sorgenblätter wurden mit den Wassern fortgetragen.

Arrak und Butteröl tropften, tropften, tropften.

Buttermilch und Molke flossen in Strömen ...

Das war's, ihr Brüder und Schwestern!

Das Hirschmädchen Korallenzahn

Es gab einmal einen Einsiedler. Dieser Einsiedler pinkelte immer an einer bestimmten Stelle.

Eine Hirschkuh leckte immer das Urinsalz, das zurückblieb.

Eines Tages, als der Einsiedler wieder einmal an gewohnter Stelle pinkelte und Urintropfen, wie immer, von den Steinen hochsprenkelten, da traf ein Urintropfen genau auf die Nasenspitze der Hirschkuh.

Das Schicksal wollte es, daß sie befruchtet wurde.

Dem Einsiedler wurde ein Kind geboren.

Es war ein Mädchen. Das Mädchen hatte flache Korallen als Vorderzähne. Es hatte Zöpfe aus Türkis. Es hatte einen Haarknoten aus Muscheln.

Der Einsiedler zog das Mädchen mit dem Muschelhaarknoten, den türkisenen Zöpfen und den Korallenzähnen bei sich auf.

In einiger Entfernung lebte eine Königsfamilie. Eines Tages vermißte diese ihren Wachhund. Es war ein riesiger, ein sehr guter Wachhund. Auf der Suche nach diesem Hund gelangte einer der Diener in den äußersten Winkel des großen Tales. Dort traf er auf einen Einsiedler.

»Habt Ihr einen Hund gesehen?« fragte der Diener. »Ein großer Hund ist uns abhanden gekommen. Habt Ihr ihn gesehen?«

»Ich habe keinen großen Hund gesehen«, antwortete der Einsiedler. Da erblickte der Diener das Mädchen mit den türkisenen Zöpfen, dem Muschelhaarknoten und den Korallenzähnen.

Der Einsiedler bat: »Bitte erzähle niemandem von der Existenz dieses Mädchens! Kein Mensch darf davon erfahren!« Er gab dem Diener Geschenke und eine gute Summe Silber, damit er den Mund halte. »Vor allem, sage dem

König nichts von diesem Mädchen!« rief er ihm noch nach.

Der Diener eilte schnurstracks zurück ins Königshaus und berichtete: »Dort hinten, am Ende des Tales, lebt ein Einsiedler. Bei dem Einsiedler lebt ein Mädchen. Das Mädchen hat Zöpfe aus Türkis. Es hat einen Haarknoten aus Muscheln. Es hat Zähne aus flachen Korallen!«

»Wie ist das möglich? Ich muß sie mir anschauen! Ich werde sie als meine Braut in den Palast holen!« sprach der König und marschierte los.

In seiner Hellsichtigkeit wußte der Einsiedler, daß der König im Anmarsch war.

Er sprach zu dem Mädchen: »Trage diese Gebetskette um deinen Hals! Trage diesen Ring!« Er selbst legte dem Mädchen die Gebetskette um. Er selbst streifte ihr den Ring an.

»Es ist möglich, daß dir in Zukunft Feinde das Leben schwermachen! Es ist möglich, daß der König kommt und dich mitnimmt! Falls das geschehen sollte, drehe dich dreimal nach mir um! Gelingt dir das, kannst du zu mir zurückkehren.

Gelingt es dir nicht, werden wir uns nie mehr wiedersehen!«

Sodann versteckte er sie unter einem großen, umgedrehten Kupferkessel.

Der König mit seinem Gefolge erschien.

»Bei dir lebt ein Mädchen mit Zöpfen aus Türkis, mit einem Haarknoten aus Muscheln, mit flachen Korallen als Zähne – so berichtet man mir. Stimmt das? Lebt ein Geschöpf solcher Art bei dir? Ich will sie als Braut in meinen Palast führen!« sprach der König.

Der Einsiedler antwortete: »Hier lebt niemand solcherart.«

Doch der König ließ nicht locker. »Hier lebt solch ein Geschöpf! Du hast sie herzugeben!«

Die Leute des Königs durchstöberten bereits die Klause des Einsiedlers. Ein wenig von des Mädchens türkisenen Zöpfen, ein wenig von des Mädchens Muschelhaarknoten lugten unter dem umgedrehten Kupferkessel hervor. Die Späheraugen der Königsdiener entdeckten das schnell.

Ohne Umstände wurde das Mädchen fortgeführt.

In ihrer panischen Angst schaffte sie es nicht, sich dreimal nach dem Einsiedler umzuschauen. Nur zweimal gelang es ihr.

Das Mädchen wurde in den Palast geführt.

In dem Palast lebten zwei Schwestern, Goldsee und Silbersee. Die beiden waren Dämoninnen. Das Hirschmädchen Korallenzahn aber war eine Göttin.

Die beiden Dämoninnen dachten: »Wir müssen uns das Hirschmädchen aus den Augen schaffen! Wir brauchen vergiftetes Essen, vergiftetes Wasser; wir brauchen unheilsame, besprochene Speisen und Getränke!«

In der Familie gab es ein Schwein. Die beiden schlachteten das Schwein. Von dem Schweinefleisch gaben sie dem Mädchen zu essen. Von dem Schweineblut gaben sie ihm zu trinken.

Davon hätte das Mädchen krank werden müssen, doch sie ward nicht krank. Da sie die Gebetskette des Einsiedlers trug, vermochte ihr niemand Leid zuzufügen.

Die beiden Dämoninnen entrissen ihr die Gebetskette. Wieder gaben sie ihr Schweinefleisch zu essen. Wieder gaben sie ihr Schweineblut zu trinken. Das Mädchen wurde krank.

Als sie schwer krank daniederlag, töteten die Dämoninnen das Pferd des Königs.

Sie legten des Pferdes Fleisch dem Mädchen als Kopfkissen unter.

Sie legten des Pferdes frisch abgezogenes Fell dem Mädchen als Matte unter.

Sie füllten die Trinkschale des Hirschmädchens mit Pferdeblut.

Sie arrangierten alles so, als habe das Hirschmädchen Korallenzahn das Pferd getötet, als ergötze sie sich an dem Fleisch und dem Blut des Pferdes.

So stellten sie das Mädchen ins falsche Licht.

In der Königsfamilie gab es einen großen Hund.

Die beiden töteten den Hund.

Sie legten des Hundes Fleisch dem Mädchen als Kopfkissen unter.

Sie legten des Hundes frisch abgezogenes Fell dem Mädchen als Matte unter.

Sie füllten des Mädchens Trinkschale mit Hundeblut.

Sie arrangierten alles so, als habe das Hirschmädchen Korallenzahn den Hund getötet, als labe sie sich an Hundeblut und Hundefleisch.

Sie verwischten alle Spuren, die auf sie, als die Übeltäter, hinweisen konnten.

Die Königsfamilie hatte einen Sohn.

Die beiden töteten den Sohn.

Sie legten des Sohnes Fleisch dem Hirschmädchen Korallenzahn als Kopfkissen unter.

Sie legten des Sohnes frisch abgezogene Haut dem Mädchen als Matte unter.

Sie füllten des Mädchens Trinkschale mit dem Blut des Königssohnes.

Sie arrangierten alles so, als habe das Hirschmädchen Korallenzahn den Sohn getötet, als ergötze sie sich an dessen Fleisch und Blut.

Seitdem dem Hirschmädchen die Gebetskette entrissen, ward sie kränker und kränker. Sie war nicht mehr fähig, auch nur einen Ton von sich zu geben.

Der König sprach: »Wahrhaft, sie ist eine Dämonin! Ich werde sie kreuzigen! Ich werde ihrem Unwesen ein Ende setzen!«

In einer hohen Pinie wurde das Hirschmädchen angebunden.

Kaum hatte man sie angebunden, schon stürzten sich die weißbrüstigen und braunbrüstigen Geier mit einem Truktruk-Truktrau-Spektakel auf sie, schon war sie in ihren Schlünden verschwunden. Niemand ließ sich das Schauspiel entgehen. Die Zuschauer waren zufrieden, hatten sie doch mit eigenen Augen gesehen, wie das Mädchen, diese Dämonin, zerrissen und gefressen wurde.

In Wirklichkeit geschah jedoch folgendes: da sie eine Göttin war, kamen alle himmlischen Heerscharen herbei, um sie von den irdischen Befleckungen reinzuwaschen und sie heimzuholen in die oberen Götterwelten. Von nun an lebte sie in himmlischen Gefilden.

Eines Tages dachte das Mädchen: »Ich will mich auf die Erde begeben und sehen, wie es dem Einsiedler ergeht. Ich möchte ihn wiedersehen!«

Auf einem Sonnenstrahl ließ sie sich auf die Erde hinab.

An dem Ort ihrer Kindheit fand sie nichts weiter vor als verlassenes, ödes Land. Der Einsiedler war nicht mehr da, er hatte das Zeitliche gesegnet.

An jenem Abend schlief das Mädchen an diesem verlassenen Ort. In der Nacht hatte sie einen Traum. Ihr träumte, der Einsiedler überreiche ihr eine Gebetsmühle, eine große Gebetsmühle, geschmückt mit Bildern, mit Brokaten und flatternden Seiden in den fünf verschiedenen Farben.

Am Morgen, als sie erwachte, fand sie die Gebetsmühle neben ihrem Kopfende. Sie erhob sich; die Gebetsmühle schwingend, machte sie sich auf den Weg.

Sie kam in die Nähe des Königshauses. Dort verweilte sie, schwang die Gebetsmühle und sang das ›Om Mani Peme Hung‹.

Abgesandte des Königs kamen herbei, um sie zu ehren. Sie wurde mit Bernsteinen und Türkisen, mit Onyx und Korallen behängt.

Als ihr dann die Gebetskette umgehängt wurde, erkannte sie sie sofort wieder. Sie freute sich so, daß sie sich ein leises Lächeln und auch ein Lachen nicht verkneifen konnte.

Die Leute erblickten ihre Korallenzähne.

Die Diener eilten zurück zum König und berichteten: »O König, wundersam ist das Mädchen, das dort die Gebetsmühle schwingt! Es sieht ganz so aus, als sei sie das Mädchen mit den Korallenzähnen, das früher einmal hier lebte. Als wir ihr die Gebetskette umlegten, da lachte sie. Sie freute sich und lachte. Deutlich sahen wir die Korallenzähne in ihrem Munde leuchten!«

Der König ging, um sich selbst zu überzeugen.

»Wer bist du? Was machst du hier?« fragte er.

»Ich schwinge die Gebetsmühle«, antwortete sie.

Der König öffnete ihren Mund und schaute hinein. Kein Zweifel, das Mädchen hatte Korallenzähne.

»Wie ist das möglich? Wer bist du? Bist du nicht das Mädchen mit den Korallenzähnen, das damals in unseren Palast kam? Wie kommst du hierher? Wer bist du?« fragte der König noch einmal.

»Ja«, sprach das Mädchen, »damals habt Ihr mich an den großen Pinienbaum dort gekreuzigt. Ihr sagtet, ich sei eine Dämonin. Doch nur mein äußeres Kleid habt Ihr zu töten vermocht. Himmlische Heerscharen kamen, wuschen mich rein von den irdischen Befleckungen und geleiteten mich heim in die Welt der Götter, denn ich bin eine Göttin. Zu einem Besuch bin ich auf die Erde, bin ich nach Tibet zurückgekehrt. Und das war gut so, denn jetzt habe ich meine Gebetskette zurückerhalten. Darüber freue ich mich. Doch nun werde ich zurückgehen in den Himmel!«

Der König sprach: »Wenn du eine Göttin bist, dann bitte, gehe nicht fort von uns! Bleibe bei uns! Um alles in der Welt, ich bitte dich, bleibe bei uns!«

Da antwortete sie: »In Eurer Familie gibt es zwei Mörderinnen, Goldsee und Silbersee. Diese beiden sind Dämoninnen.

Zuerst konnten sie mir kein Leid zufügen, da ich die Gebetskette trug, die mich beschützte. Sie entrissen mir die Gebetskette und sorgten dafür, daß ich krank wurde.

Sie schlachteten das Schwein und gaben mir von dem unheilvollen Fleisch und Blut zu essen und zu trinken.

Sie töteten den Hund.

Sie legten mir des Hundes Fleisch als Kopfkissen unter.

Sie legten mir des Hundes frisch abgezogenes Fell als Matte unter.

Sie füllten meine Trinkschale mit Hundeblut.

Sie töteten das Pferd.

Sie legten mir des Pferdes Fleisch als Kopfkissen unter.

Sie legten mir des Pferdes frisch abgezogene Haut als Matte unter.

Sie füllten meine Trinkschale mit Pferdeblut.

Sie töteten den Königssohn.

Sie legten mir des Sohnes Fleisch als Kopfkissen unter.

Sie legten mir des Sohnes frisch abgezogene Haut als Matte unter.

Sie füllten meine Trinkschale mit des Sohnes Blut.

Sie taten mir all das an, und darum kann ich nicht in Eurem Hause bleiben. Um die Lebewesen zu segnen, bin ich auf die Erde gekommen. Und nun begebe ich mich zurück in den Götterhimmel!«

Der König sprach: »Ich werde Goldsee und Silbersee kreuzigen! Ich habe bereits beschlossen, ihrem Unwesen ein Ende zu setzen! Du aber mögest bei uns bleiben und unter uns weilen!«

»Gut«, antwortete sie, »dann tötet sie! Zuerst tötet sie und setzt ihrem Unwesen ein Ende! Von dem Tage an, da das vollbracht ist, findet Ihr mich bereit, in Eurem Palast zu wohnen.«

Goldsee und Silbersee wurden gekreuzigt.

Das Hirschmädchen Korallenzahn wurde die Hauptfrau im Königshaus. Unter ihrem Einfluß bekehrten sich alle Lebewesen der sechs Welten zu der wahren Religion.

Das Glück reichte bis an den Himmel hinan.

Die Sorgenblätter wurden mit den Wassern fortgetragen.

Arrak und Butteröl tropften, tropften, tropften.

Buttermilch und Molke flossen in Strömen …

Das Feenmädchen und die Dzokuh

Es gab einmal zwei himmlische Feen, Mutter und Tochter.

Und es gab drei Dämoninnen, die Mutter mit ihren Töchtern.

Die beiden Feen besaßen eine Dzokuh und eine Yakhaardecke.

Die drei Dämoninnen besaßen gar nichts.

Die drei Dämoninnen dachten: »Wir wollen die beiden Feen töten!« und bald schon fraßen sie die Feenmutter auf.

Das Feenmädchen nahmen sie mit und machten sie zu ihrer Dienerin.

Das Dzo nahmen sie mit.

Die Yakhaardecke nahmen sie mit; fraßen sie aber bereits unterwegs auf.

Von nun an lassen die drei Dämoninnen das Feenmädchen für sie arbeiten. Täglich muß sie hundert Pfund Garn spinnen und das Dzo weiden.

Früh am Morgen treibt sie das Dzo in die Berge. Auf dem Wege hoch bedeckt sie Erd und Stein mit Wolle. Die Arbeit des Spinnens besorgen Feen, Elfen und Nixen für sie. Am Abend, wenn sie zurückkommt, braucht sie lediglich das Garn aufzuwickeln.

Eines Morgens geht sie wiederum, Erd und Stein mit Wolle bedeckend, das Dzo vor sich hertreibend, in die Berge.

Als Essenszeit ist, spricht sie zu dem Dzo: »O du Glücks-spenderin, du Gottgesegnete, bitte, scheiße mir Butter und Tsampa!« Ihren Rockwurf hält sie zum Auffangen bereit. Und tatsächlich, das Dzo gibt Tsampa und Butter in Mengen von sich. Es rieselt und plumpst in ihren bereitgehaltenen Rockwurf.

Das Feenmädchen ißt sich satt. Den Rest nimmt sie mit.

Das Garn aufwickelnd, kehrt sie am Abend zum Hause zurück.

Voller Neid fragt das ältere Dämonenmädchen: »Du, woher hast du das?« Das Feenmädchen berichtet getreu, wie es dazu kam.

»Ah«, denkt das Dämonenmädchen, »ich muß auch gehen. Das Dzo scheißt Butter und Tsampa! Ich werde gehen!«

Zu dem Feenmädchen spricht sie: »Ich werde von nun an Garn spinnen gehen!«

Am folgenden Morgen macht sich das ältere Dämonenmäd-chen auf den Weg. Erd und Stein mit Wolle bedeckend, treibt sie das Dzo auf die Bergweiden. Zur Essenszeit spricht sie: »Du Herrenlose, du Gottlose, scheiße mir gefäl-ligst Butter und Tsampa!«

Das Dzo scheißt, scheißt, scheißt ... Die Scheiße läßt sich weder durch Reiben noch durch Waschen aus ihrem Ge-wand entfernen.

Wütend treibt das Dämonenmädchen die Dzokuh heim-wärts.

»Der Schlächter soll dich holen! Dein Stündchen ist gekom-men! Abgeschlachtet wirst du!« so schimpft sie.

Die Wolle? Die Wolle bedeckt wie zuvor Erd und Stein. Für sie hat niemand gesponnen.

Nun wird das Feenmädchen wieder geschickt. Erd und Stein mit Wolle bedeckend, das Dzo vor sich hertreibend, geht sie in die Berge. Zur Essenszeit spricht sie zu der Dzokuh: »Bitte, scheiße mir Butter und Tsampa, du Glückspenderin, du Gottgesegnete!«

Das Dzo scheißt Butter und Tsampa. Sie ißt das.

Das von Feen, Nixen und Elfen gesponnene Garn aufwickkelnd, kehrt sie am Abend zum Haus zurück.

Eines Tages findet sie auf dem Wege ein Ei.

Das Ei spricht zu ihr: »Es wird eine Zeit kommen, da dieses nutzlose Zeug von Nutzen ist! Wenn du mich mitnimmst, werde ich dir nützlich sein.«

Sie nimmt das Ei mit.

Sie begegnet einem Raben.

Der Rabe spricht zu ihr: »Es wird eine Zeit kommen, da dieses nutzlose Zeug von Nutzen ist! Wenn du mich mitnimmst, werde ich dir nützlich sein.«

Sie nimmt den Raben mit.

Sie begegnet einer Krähe.

Die Krähe spricht zu ihr: »Es wird eine Zeit kommen, da dieses nutzlose Zeug von Nutzen ist! Wenn du mich mitnimmst, werde ich dir nützlich sein.«

Sie nimmt die Krähe mit.

Sie findet eine Nadel.

Die Nadel spricht zu ihr: »Es wird eine Zeit kommen, da dieses nutzlose Zeug von Nutzen ist! Wenn du mich mitnimmst, werde ich dir nützlich sein.«

Sie nimmt die Nadel mit.

Sie findet einen Pfriem.

Der Pfriem spricht zu ihr: »Es wird eine Zeit kommen, da dieses nutzlose Zeug von Nutzen ist! Wenn du mich mitnimmst, werde ich dir nützlich sein.«

Sie nimmt den Pfriem mit.

Sie findet ein Messer.

Das Messer spricht zu ihr: »Es wird eine Zeit kommen, da dieses nutzlose Zeug von Nutzen ist! Wenn du mich mitnimmst, werde ich dir nützlich sein.«

Sie nimmt das Messer mit.

Sie findet einen Misthaufen.

Der Misthaufen spricht zu ihr: »Es wird eine Zeit kommen, da dieses nutzlose Zeug von Nutzen ist! Wenn du mich mitnimmst, werde ich dir nützlich sein.«

Sie nimmt den Misthaufen mit.

Im Haus der drei Dämoninnen angekommen, fragt das Feenmädchen:

»Du, Ei, wo willst du liegen?«

»Ich, das Ei, ich will unter der Feuerasche liegen!«

»Du, Misthaufen, wo willst du liegen?«

»Ich, der Misthaufen, ich will an der Türschwelle liegen!«

»Du, Messer, wo willst du liegen?«

»Ich, das Messer, ich will auf der Türschwelle liegen!«

»Und du Nadel?«

»Oh, mich Nadel, stecke mich rechts in die Türschwelle!«

»Und du Pfriem?«

»Mich, den Pfriem, stecke links in die Türschwelle!«

»Krähe, und du?«

»Oh, ich, die Krähe, ich werde mich rechts von der Türschwelle niederlassen!«

»Rabe, du?«

»Ich, der Rabe, ich werde mich links von der Türschwelle niederlassen!«

Und so machen sie es.

Das Ei legt sie unter die Feuerasche.

Den Misthaufen legt sie an die Türschwelle.

Das Messer legt sie auf die Türschwelle.

Die Nadel steckt sie links, den Pfriem rechts in die Türschwelle.

Krähe und Rabe lassen sich rechts und links von der Türschwelle nieder.

Da kommt das ältere Dämonenmädchen hereingestürmt.

»Nyahahuhuu, ist das heute kalt, habe ich einen Hunger, nyahahuhuu«, klagt sie, marschiert zur Feuerstelle, stochert in der Feuerasche; das Ei schreit: »Phabloo« und zerspringt.

Vor Schreck rennt sie davon, rutscht im Misthaufen aus, knallt auf der Türschwelle hin, fällt ins Messer, fällt in Nadel und Pfriem. Messer, Nadel und Pfriem dringen in sie ein. Krähe und Rabe hacken auf sie ein.

Ihrem Unwesen ist ein Ende gesetzt. Nun gibt es nur noch zwei Dämoninnen, die Mutter und ihre jüngste Tochter.

Wieder wird das Feenmädchen mit dem Dzo in die Berge geschickt. Traurig geht sie, Erd und Stein mit Wolle bedeckend, die vertrauten Wege. Der Gedanke, daß die Dämoninnen das Dzo töten wollen, läßt sie nicht mehr froh werden. Zur Essenszeit bittet sie das Dzo: »Du Glücksbringerin, du Gottgesegnete, bitte scheiße mir Butter und Tsampa!« Das Dzo scheißt Butter und Tsampa. Sie ißt das, doch es schmeckt nicht mehr wie zuvor. Eines Tages, als sie ihres Weges geht, läuft das Dzo in eine Höhle hinein. In der Höhle sitzt eine Alte, die Türkise ausbreitet. Aber was für Türkise das sind ...! Die größeren sind etwa so groß wie ein Hirschlauf. Die kleineren sind etwa so groß wie ein Blutkuchen. Nur die wertvollen Weißadertürkise gibt es da. Die Alte breitet sie, nach Form und Größe, auf einer Fläche aus. Das Mädchen fragt: »Alte, brauchst du Hilfe beim Türkise-Auslegen?«

»O ja, ich brauche Hilfe«, sagt die Alte. »Wenn du mir keinen Türkis stiehlst, werde ich dir einen Weißadertürkis anhängen, so groß wie ein Hirschlauf. Stiehlst du aber einen Türkis, so werde ich dir einen Hirschlauf anhängen!«

Das Feenmädchen ordnet die Türkise sorgfältig nach Form und Größe. Sie stiehlt auch nicht einen einzigen.

Als sie die Arbeit beendet hat, fragt die Alte: »Mädchen, hast du einen Türkis gestohlen?«

»Ich habe keinen gestohlen«, antwortet das Feenmädchen.

Die Alte löst den Gürtel des Mädchens, schüttelt das Gewand, schwenkt es, wendet es, tastet das Mädchen ab, doch sie findet keinen Türkis.

»Mädchen, drehe dich einmal herum!« sagt die Alte.

Das Feenmädchen dreht sich herum. Die Alte bindet ihr an das Zopfende einen Weißadertürkis, so groß wie ein Hirschlauf.

Das Garn aufwickelnd, das Dzo vor sich hertreibend, geschmückt mit dem hirschlaufgroßen Weißadertürkis, kehrt sie an diesem Abend zurück.

Das Dämonenmädchen zischt: »Ich will ihn mir anhängen!«

Sie versucht, den Knoten zu lösen, doch er ist unlösbar fest.

Sie versucht, den Türkis abzureißen, doch er läßt sich nicht abreißen.

»Ah, dann gehe ich eben morgen!« wütet sie.

Am folgenden Tag geht das Dämonenmädchen mit dem Dzo in die Berge. Das Dzo läuft in die Höhle. In der Höhle sitzt die Alte, die ihre Türkise ausbreitet.

»Alte, brauchst du Hilfe beim Türkise-Auslegen?« fragt das Dämonenmädchen.

»Ja, ja. Hilfe kann ich gebrauchen!« sagt die Alte. »Doch wenn du mir einen Türkis stiehlst, werde ich dir einen Hirschlauf anhängen. Stiehlst du nicht, werde ich dir einen Türkis anhängen, so groß wie ein Hirschlauf!«

Auh, nun sucht sich das Dämonenmädchen die schönsten Türkise heraus und läßt sie unter ihrem Gewand verschwinden.

Als sie mit dem Türkise-Auslegen fertig ist, fragt die Alte: »Mädchen, hast du einen Türkis gestohlen?«

»Keinen einzigen habe ich gestohlen«, lügt das Dämonenmädchen.

»Da muß ich erst einmal dein Gewand untersuchen!« entgegnet die Alte. Sie löst den Gürtel des Mädchens, und schon kullern die Türkise massenweise auf den Boden. »Mädchen, dreh dich einmal herum, ich will dir einen Türkis anhängen!« sagt die Alte.

Das Mädchen dreht sich herum. Da befestigt die Alte ihr an das Zopfende einen Hirschlauf, der weder durch Lösen des Knotens noch durch Reißen und Zerren wieder loszubekommen ist. Am Abend kommt das Dämonenmädchen, das Dzo vor sich hertreibend, den am Zopfende befestigten Hirschlauf hinter sich her schleifend, zu Hause an. Sie beschimpft das Dzo: »Du Herrenlose, du Gottlose, der Schlächter soll dich holen! Abgeschlachtet wirst du!«

Das Feenmädchen wird unsagbar traurig. »Jetzt hat das Leben für mich keinen Sinn mehr. Das Dzo wird geschlachtet. Jetzt will ich auch nicht mehr leben«, grübelt sie und weint.

Da spricht das Dzo zu ihr: »Es ist nicht zu ändern, ich werde geschlachtet. Es gibt keinen Ausweg, ich werde aufgefressen. Doch höre! Versuche an meinem Schlachttag von den besten Fleisch- und Fettstücken, soviel du kannst, abzuschneiden! Lege alles für sieben Tage unter dein Kopfkissen! Schaue nicht nach! Sieben Tage lang darfst du auch nicht einen einzigen Blick darauf werfen! Schneide, soviel du kannst, ab, und lege es unter dein Kopfkissen!«

Das Dzo wird geschlachtet.

Das Mädchen schneidet von den besten Fleisch- und Fettenden so viele Streifen ab, als ihr möglich ist, und steckt alles unter ihr Kopfkissen.

Am sechsten Tag ist sie so hungrig, daß sie sich nicht beherrschen kann und ein kleines, ein fingergroßes Stückchen des verbotenen Fleisches ißt.

Am siebten Tag ergeht vom Königshaus folgender Ruf: »Alle weiblichen Untertanen sollen sich versammeln. Alle Frauen und Mädchen, von der grauköpfigen Alten bis zum frisch abgenabelten Säugling, alle, die eine weibliche Existenzform angenommen haben, sollen erscheinen! Das Kö-

nigshaus will eine Braut erwählen! Ein roter Torma mit
einer neun Ellen langen Spitze wird geworfen! Diejenige,
auf deren Kopf das Torma landet, soll die Braut des Königs,
soll die Königin des Landes werden!«

»Entweder gehst du zuerst, oder aber ich gehe zuerst hin«,
sagt das Dämonenmädchen zu dem Feenmädchen. »Zusammen können wir unmöglich gehen!«

»Ist gut«, antwortet das Feenmädchen.

Im nächsten Moment sagt das Dämonenmädchen: »Nein,
geh du zuerst! Nein, bleib du hier! Meine Mutter und ich
gehen zuerst! Du gehst später!«

Das Feenmädchen bleibt zurück. Oh, nun erst erinnert sie
sich! »Was hat das Dzo gesagt? Am siebten Tag . . ., heute ist
der siebte Tag! Ich muß nachschauen, was es mit den
Fleisch- und Fettstücken auf sich hat!«

Als sie das Kopfkissen anhebt, sieht sie Seiden, Brokate,
bunte Borten, einen Wollmantel mit Lammfell gefüttert; sie
findet Bernsteine und Türkise, Onyx und Korallen.

Oh, nun schmückt sie sich:

Bernsteine und Türkise befestigt sie in ihren Haaren.

Die Kette aus Onyx und Korallen legt sie sich um den Hals.
Sie kleidet sich in Seide und Brokat.
Sie zieht den mit Lammfell gefütterten Wollmantel an.
Sie schlüpft in die mit Leder und Stoff besetzten Schnabel-
stiefel.
Von Kopf bis Fuß gestiefelt und gespornt, eilt sie davon.
Noch während sie rennt, schlingt sie sich den Silbergürtel
um die Taille.
Freude und Stolz schwellen in ihr an. Im Überschwang der
Gefühle springt sie über den Fluß, der den Weg zum
Königshaus durchkreuzt. Sie verliert einen Stiefel, doch sie
bemerkt es nicht. Im Hochgefühl der Freude rennt sie
weiter. Ihre Pracht zur Schau stellend, erscheint sie in der
Menge der Versammelten.
Kurze Zeit darauf kommt des Königs Wallach Rotbraun-
Weißmaul, ihren Stiefel im Maul, herangaloppiert.
»Wem gehört dieser Stiefel? Wem gehört dieser Stiefel?«
ruft er in die Menge hinein.
Das Feenmädchen getraut sich nicht zu sagen: »Mir gehört
er!« Denn die beiden Dämoninnen schauen mit wütend
drohender Gebärde zu ihr hin.
Die anderen anwesenden Dämoninnen schreien wie aus
einem Munde: »Mir gehört er! Meiner ist es! Er gehört
mir!«
Die eine probiert den Stiefel an. Er paßt nicht.
Sie vergleicht ihn mit dem ihren. Es ist nicht der gleiche.
Da sagt das Feenmädchen: »Es ist meiner!«
Doch auch das andere Dämonenmädchen ruft: »Es ist
meiner!«
Sie probiert den Stiefel an. Er paßt nicht.
Sie vergleicht ihn mit dem ihren. Es ist nicht der gleiche.
Nun fragt der Wallach Rotbraun-Weißmaul: »Feenmäd-
chen, ist das nicht dein Stiefel?«
»Er ist es«, sagt sie.
Sie probiert ihn an. Er paßt.
Sie vergleicht ihn mit dem ihren. Es ist der gleiche.
Nur, die Stiefelschnüre fehlen!

Hatte sie nicht an jenem Tage ein Stückchen Fleisch von etwa der Größe eines Fingers gegessen? Das waren die fehlenden Stiefelschnüre!

Ein Mann des Königs zupft aus dem Schwanz des Wallach Rotbraun-Weißmaul einen kleinen Büschel Pferdeschwanzhaar. Er wirft es hoch in die Luft. Es verwandelt sich in Stiefelschnüre. Das Mädchen bindet ihre Stiefel.

Dann, als das Torma geworfen wird, da fällt es mitten auf den Kopf des Feenmädchens. Sie wird die Erwählte des Königs, eine Königin.

Die beiden Dämoninnen sind außer sich vor Wut. Sie zischen:

»Du wirst sehen, du wirst noch etwas erleben!«

Doch abwenden können sie das Glück des Feenmädchens nicht mehr. Sie ist nun die Königin.

Von nun an lebt sie glücklich und in Freuden.

Die Sorgenblätter werden mit den Wassern fortgetragen.

Arrak und Butteröl tropfen, tropfen, tropfen.

Buttermilch und Molke fließen in Strömen ...

Der Drachentöter

Es gab einmal zwei Brüder.

Der eine Bruder war ein steinreicher Mann.

Der andere Bruder war ein bettelarmer Mann.

Dem armen Bruder wurden zwei Söhne geboren. Die Mutter starb nach der Geburt der Söhne. Das Elend der Familie des armen Bruders wuchs.

Die Familie des reichen Bruders hingegen erfreute sich mehr und mehr des Reichtums und des Glücks.

Der arme Bruder ging eines Tages Reisig sammeln. Beim Reisigsammeln fand er die Feder eines goldenen Vögel-

chens. Die goldene Vogelfeder verkaufte er dem reichen Bruder. Er erhielt dafür genügend Nahrung für sich und die Familie, für einen Tag.

Von nun an ging er jeden Tag Reisig sammeln. Jeden Tag fand er eine goldene Vogelfeder. Jeden Tag verkaufte er das goldene Federchen an seinen reichen Bruder. Auf diese Weise vermochte er den Lebensunterhalt für sich und seine Familie zu bestreiten.

Eines Tages sprach der reiche Bruder zu ihm: »Lauer dem goldenen Vögelchen auf! Lauer ihm auf und töte es! Wenn du mir das tote Vögelchen bringst, erhältst du die Hälfte meines ganzen Besitzes!«

Der arme Bruder war einverstanden.

Einige Tage danach erspähte er das goldene Vögelchen, tötete es und überbrachte es seinem reichen Bruder. Als Gegenwert erhielt er die Hälfte von des Bruders Reichtümern.

In der Familie des reichen Bruders ging man daran, das goldene Vögelchen zu kochen. Der reiche Bruder schaute vom Dach seines Hauses her zu, wie unten im Hof das Vögelchen gekocht wurde.

Nun hatte das goldene Vögelchen in seinem Rumpf kein gewöhnliches Herz, es sah nur so aus wie ein Herz, in Wirklichkeit war es eine übernatürliche Kräfte verleihende Substanz.

Der reiche Bruder rief seiner Frau zu: »Du, schaue nach dem kochenden Vögelchen! Wenn es gar ist, bringe mir das runde Etwas, das als Herzchen in seinem Rumpf wohnt! Ich will es herunterschlucken!«

Die beiden Waisen, die Söhne des armen Bruders, hörten das.

Schnell töteten sie ein Vögelchen, rissen ihm das Herzchen heraus, kamen herbeigeeilt, beobachteten das kochende Vögelchen; und als es so sehr kochte, daß die Brühe hochstieg und mit ihr das Vogelherzchen, da ergriffen sie es schnell und warfen statt dessen ihr Vogelherzchen in den Kochtopf.

Das Herzchen, die übernatürliche Kräfte verleihende Substanz, teilten sich die beiden brüderlich: jeder schluckte die Hälfte.

Nach einer Weile rief die Frau des reichen Bruders: »Es ist gar, das Vogelherzchen ist gar!« Sie brachte es dem Manne hinauf aufs Dach.

Der Mann erkannte sogleich, was geschehen war. Er schimpfte:

»Du Alte, du sauertöpfige Witwe du, dies ist nichts als ein gewöhnliches Vogelherzchen, nie und nimmer vermag es übernatürliche Kräfte zu verleihen! Die beiden verfluchten Waisen haben dieses Vogelherz in den Topf geschmuggelt. Sie haben die übernatürliche Kräfte verleihende Substanz verschlungen! Das ist nicht gut! Das wird kein gutes Ende nehmen!«

Und als der arme Bruder, der Bruder, der die Hälfte seines Besitzes erhielt, kam, da sprach der reiche Bruder zu ihm:

»Seitdem deine beiden Kinder auf der Welt sind, ist nur Unglück über dich gekommen:

Du hast keinen Besitz!

Du hast nichts zu essen!

Deine Frau ist gestorben!
Deine zwei Kinder, diese Schwarzmäuler, machen dein Leben zur Hölle!
Alle deine Hoffnungen werden sich zerschlagen!
Dein Elend wird kein Ende nehmen!
Töte die Unbrut! Töte deine Kinder!
Allen Reichtum wollen wir gemeinsam genießen!
Die Speisen wollen wir gemeinsam verzehren!
Wir wollen ein gemeinsames Anwesen gründen!
Wir wollen als eine Familie zusammenleben!
Auf einem Herd werden wir kochen!
Die beiden Kinder bringen dir nur Unglück! Sie sind nicht gut! Töte sie!«
»Ja«, antwortete der arme Bruder.
Der Vater führte seine Kinder in einen tiefen, dunklen Wald. In der Nähe eines mächtigen, alten Baumes wollte er sie töten. Doch dann brachte er es nicht übers Herz. Er vermochte sie nicht zu töten. Schließlich sprach er zu ihnen: »Bleibt ihr hier! Bleibt in der Nähe dieses Baumes! Ich gehe Brennholz sammeln! Wenn ich fertig bin, komme ich euch holen, und dann gehen wir nach Hause!«
Er ließ die Kinder bei dem Baum zurück und ging fort. Zunächst vergnügten sich die Kinder mit Spielen. Dann begannen sie nach dem Vater Ausschau zu halten. Doch sosehr sie auch umherspähten, von ihrem Vater war nichts zu sehen und zu hören. Sie sahen ihn niemals wieder ...
Da die Brüder die übernatürliche Kräfte verleihende Substanz verschluckt hatten, konnte ihnen keinerlei Unwirtlichkeit etwas anhaben. Ihnen wurde nicht kalt. Sie wurden nicht hungrig, nicht durstig. Sie vermißten nichts, begehrten nichts, litten nicht.
Eines Tages fanden die Brüder zwei Tigerjungen. Sie zogen die Tigerjungen auf.
Sie fanden zwei Bärenjungen. Sie zogen die Bärenjungen auf.
Sie fanden zwei Wolfsjungen. Sie zogen die Wolfsjungen auf.

Sie fanden zwei Leopardenjungen. Sie zogen die Leopardenjungen auf.

Sie fanden zwei Löwenjungen. Sie zogen die Löwenjungen auf.

Sie fanden zwei Hasenjungen. Sie zogen die Hasenjungen auf.

Sie fanden zwei Fuchsjungen. Sie zogen die Fuchsjungen auf.

Von allen wilden Tieren fanden sie je ein Bruderpaar. Von jeder Art hatten sie zwei.

Die wilden Tiere wuchsen heran, wurden groß und stark.

Die beiden Brüder sprachen zueinander: »Es wird Zeit, daß wir uns in der Welt umsehen! Laßt uns gehen und sehen, ob wir uns unsere Nahrung beschaffen können! Laßt uns gehen und sehen, ob wir uns Haus und Hof rauben können! Wir sollten wirklich nun aufbrechen!

Einer von uns geht in Richtung Norden. Der andere geht in Richtung Süden! Jeder von uns steckt sein Messer in diesen unseren alten Baum! Nach drei Jahren kommen wir zurück zu diesem Baum! Stecken beide Messer noch im Baumstamm, so wartet der, der zuerst kommt, auf den anderen. Er kann getrost sein, daß der andere noch lebt und bald kommen wird.

Ist jedoch ein Messer auf den Boden gefallen, so ist das ein Zeichen, daß dem anderen ein Unglück widerfahren, daß er tot ist. Wenn demjenigen, der südwärts ging, ein Unglück widerfuhr, so begibt der andere sich auf die Suche in den Süden!

Ist demjenigen, der nordwärts ging, ein Unglück widerfahren, so begibt der andere sich auf die Suche in den Norden!«

Die Brüder gaben sich ihr Wort.

Sodann machten sie sich auf den Weg.

Der eine ging Richtung Süden ...

Der andere ging Richtung Norden ...

Der Bruder, der südwärts ging, traf auf einen König, in dessen Reich ein fürchterlicher Drache hauste.

Dieser Drache verlangte alljährlich sein Opfer. Er verlangte ein Mädchen, das in einem Tigerjahr geboren war.

Fände man kein Tigerjahrmädchen, so sagte man, werde der Drache die Erde verschlingen.

In diesem Jahre war die Situation die, daß landauf, landab kein Tigerjahrmädchen mehr zu finden war. Alle hatten bereits in den vergangenen Jahren ihr Leben zur Befriedigung des Drachen lassen müssen.

Nur noch ein Tigerjahrmädchen gab es im Lande, und das war die Tochter des Königs.

Im Königshaus traf man die Vorbereitungen für die Opferung der Tigerjahrprinzessin. Mit Seiden in den fünf verschiedenen Farben umhüllte man sie. An diesem Tage sollte sie dem fürchterlichen Drachen übergeben werden.

Gerade als sie das Mädchen zur Opferstelle führten, kam ihnen ein Mann entgegen. In Begleitung des Mannes waren ein Tiger, ein Löwe, ein Leopard, ein Bär, ein Wolf, ein Fuchs, ein Lux, ein Hase ..., von allen wilden Tieren, die es gibt, führte er je eines mit sich.

»Was habt ihr vor?« fragte der Mann.

»Hier gibt es einen fürchterlichen Drachen«, berichteten sie, »diesem Drachen muß alljährlich ein Tigerjahrmädchen geopfert werden. Finden wir kein Tigerjahrmädchen, wird er die Erde verschlingen! In diesem Jahr nun bleibt uns nichts anderes übrig, als dem Drachen die Tochter des Königs zu überbringen.«

»Hm«, ließ der Mann sich vernehmen, »opfert sie nicht! Seid getrost! Ich bin gekommen, den Drachen zu töten!«

»Er kann nicht getötet werden!« sagten die Leute des Königs.

»Ich werde ihn töten! Ich bin eigens dazu hergekommen!« sprach der Mann und eilte davon in Richtung Drachenhort.

Der Drache sprang von oben auf ihn herunter. Doch der Schneelöwe packte ihn mit seinen Krallen und hielt ihn fest. Tiger, Leopard, Bär, Wolf, alle wilden Tiere, stürzten sich von rechts und von links auf den Drachen und zerfleischten ihn.

Für eine Weile war der Kampf hart und schwierig. Doch sie schafften es, sie vermochten den Drachen zu töten.

Der Mann schnitt dem Drachen den Kopf ab, riß ihm die Zunge heraus und nahm sie als Unterpfand mit.

In einiger Entfernung vom Drachenhort traf er auf die Leute des Opferzuges.

Der Mann rief: »Hört! Den Drachen habe ich getötet!«

»Das ist nicht wahr«, dachten die Leute. Doch der Mann überzeugte sie, indem er ihnen die Drachenzunge zeigte.

Die Abgesandten des Königs hatten allerdings nun andere Sorgen:

»Was werden die Leute denken, wenn wir das Mädchen zurückbringen? Sie werden sagen: ›Sie haben dem Drachen das Mädchen nicht geopfert! Jetzt wird der Drache die Erde verschlingen!‹

Wenn wir ihnen erzählen: ›Der Drache ist tot, er wurde getötet‹, so werden sie uns keinen Glauben schenken. Steht nicht in allen Geschichtsbüchern und Genealogien des Königreiches zu lesen, daß es keinen Weg gibt, den Drachen zu überwältigen und ihn zu töten? Sie werden uns nicht glauben. Sie werden sagen, wir haben das Mädchen nicht geopfert.«

Während die anderen sich ihren Sorgen hingaben, ehrte die Tigerjahrprinzessin ihre Retter. Glücklich und dankbar, wie sie war, zerriß sie ihre Kleider, die Seiden in den fünf verschiedenen Farben. Sie band davon dem siegreichen Drachenbewältiger, dem Löwen, eine Seidenschärpe als Siegeszeichen um den Hals. Dem Tiger, dem Leoparden, dem Bären, allen wilden Tieren, band sie als Siegeszeichen eine Seidenschärpe um. Darüber freuten sich alle sehr.

Von dem Kampf mit dem Drachen waren Löwe, Tiger, Leopard, Bär, waren alle die wilden Tiere – und auch der Mann – derart erschöpft, daß sie bald in einen tiefen Schlaf fielen.

Vorher beschlossen sie noch, daß jeweils einer von ihnen zu wachen habe ...

Nun schliefen sie alle tief und fest. Der Mensch schlief. Der Löwe schlief. Der Tiger schlief. Der Leopard schlief. Der Bär schlief. Der Wolf schlief. Alle schliefen ...

Der Hase hielt Wache! Doch dann übermannte auch den Hasen der Schlaf!

Während der Hase schlief, kam ein Minister des Königs mit seinem Gefolge. Sie töteten den Mann, entwendeten den Drachenkopf und stahlen sich davon. Das Mädchen, die Tigerjahrprinzessin, nahmen sie mit.

Nach einer geraumen Zeit wachte der Hase auf und schaute sich verschlafen um. Oh je, er hatte nichts bemerkt! Der Mann war tot. Man hatte ihm den Kopf abgeschlagen.

Bald erwachten auch die anderen wilden Tiere aus ihrem Schlaf ... Ihre Verzweiflung, ihr Zorn kannte keine Grenzen.

»Der Mann wurde getötet«, schrien sie und verprügelten den Hasen. »Nicht als Schlafwächter warst du eingesetzt! Geschlafen hast du!« und sie machten Anstalten, ihn tot zu prügeln.

Da rief der Hase: »Bitte! Tötet mich nicht! Tötet mich nicht! Ich weiß von einem Flachstein, einem Wiederbelebungsstein, der Zerbrochenes wieder zusammenfügt! Ich mache den Mann wieder heil! Tötet mich nicht!«

»Dann schaffe ihn noch heute herbei! Wenn du einen Wiederbelebungsstein kennst, der Zerbrochenes wieder zusammenfügt, dann schaffe ihn herbei!« Sie schickten den Hasen fort.

Von großer Klugheit ist der Hase, da er doch ›Hase‹ heißt. Ist es nicht so?

Dieser Hase war besonders klug! Er ging also los, einen

solchen Stein zu finden. Und tatsächlich, er kam mit einem flachen Stein zurück.

»Ich werde den Mann jetzt wieder heil machen!« sprach er leichthin.

Er legte den Flachstein auf die Halswunde am Rumpf, und auf den Stein setzte er Hals und Kopf des Mannes. Der Kopf blieb haften und saß wieder fest auf dem Rumpf.

Doch, ach je, der Hase leistete keine gute Arbeit! Er setzte den Kopf falsch herum auf: das Gesicht schaute nach hinten, der Hinterkopf zeigte nach vorne.

Also schnitt er den Kopf wieder ab. Jetzt gab er acht. Diesmal setzte er den Kopf richtig auf.

Der Mann wurde wieder ganz gesund und war der gleiche wie früher.

Sie machten sich auf den Weg. Tap, tap, tap, kamen sie, einer hinter dem anderen, dahergetapst: der Mann, der Löwe, der Tiger, der Leopard, der Bär; tap, tap, tap, tapsten sie einher.

Sie erreichten das Tal der Menschenfresser. Dort lebte die fürchterliche Menschenfresserin Rotgesicht. Sie war der Schrecken der ganzen umliegenden Gegend.

»Ich werde sie töten!« verkündete der Mann.

»Du kannst sie nicht töten«, sagten die Leute. »Gehe nicht in die Schlucht der Menschenfresser! Sie wird dich auffressen! Wer auch immer dort hineingeht, wird aufgefressen! Gehe nicht! Du wirst gefressen, wirst getötet!«

»Ich habe keine Angst! Ich werde hingehen! Ich werde die Menschenfresserin töten! Ich werde ihrem Unwesen ein Ende setzen!« sprach der Mann und ging.

Mit Löwe, Tiger, Leopard, Bär, mit allen wilden Tieren, marschierte er hinein in die Schlucht der Menschenfresser. Dort schlugen sie ihre Zelte auf, kochten Tee, tranken Tee ...

Über ihnen, auf einem spitzen Felsen, saß eine schreckliche Alte, die sie beobachtete.

»Herr, gebt mir etwas zu essen! Ich bin eine Bettlerin!« rief sie.

»Komm her, und du bekommst etwas ab!« rief der Mann.
»Du hast so viele gefährliche Tiere bei dir! Ich fürchte mich davor!«
»Du brauchst keine Angst zu haben! Sie tun dir nichts! Komm!«
»Ich habe aber doch Angst! Bitte, bring sie zuvor unter deine Kontrolle! Schlage sie ein klein wenig auf den Kopf, damit sie ruhig bleiben! Hier, nimm meine Krücke!« und die Alte warf ihre Krücke herunter.
»Recht hat sie«, dachte der Mann. Er ahnte nichts Böses. Mit der Krücke tippte er leicht seinen Gefährten auf den Kopf. Mit einem Schlag fielen sie alle tot um.
Die Alte sprang vom Felsen herunter und tötete den Mann.
Sein Bruder kehrte nach drei Jahren zu dem alten Baum zurück. Das Messer des Bruders, des Drachentöters, steckte nicht mehr im Stamm. Es war auf den Boden gefallen.
»Das Messer liegt am Boden! Meinem Bruder ist ein Unglück widerfahren!« dachte er. Unverzüglich brach er auf in Richtung Süden, um seinen Bruder zu suchen.
»Ich vermisse meinen Bruder!« sprach er zu den Leuten. »Habt ihr ihn gesehen? Habt ihr von ihm gehört?«
Die Leute im Königreich erzählten: »Dein Bruder war hier. Er hat den Drachen getötet. Er hat seinem Unwesen ein Ende gesetzt!«
Der Bruder ging weiter.
In der Gegend rund um die Menschenfresserschlucht erzählten ihm die Leute: »Dein Bruder war hier. Er ist in die Schlucht der Menschenfresser gezogen. Wahrscheinlich ist er von der Menschenfresserin Rotgesicht aufgefressen worden, denn kein Mensch hat ihn je wieder gesehen.«
»Ich bin gekommen, die Menschenfresserin zu töten«, sprach der Bruder.
Da riefen die Leute: »Gehe nicht! Deinen Bruder hat sie aufgefressen! Auch dich wird sie fressen! Gehe nicht!«
»Ich werde sie töten!« sprach er und marschierte los.

In der Schlucht der Menschenfresser angekommen, errichtete er sein Zelt und wartete ab.

Auf einem spitzen Felsen saß eine schreckliche Alte und beobachtete den Mann und sein Tiergefolge.

»Herr, gebt mir etwas zu essen! Ich bin eine Bettlerin!« rief die Alte.

»Wenn du etwas zu essen haben willst, mußt du herkommen!« rief er zurück.

»Oh, du hast so viele gefährliche Hunde bei dir! Ich fürchte mich! Bitte, halte sie unter Kontrolle! Tippe ihnen ein wenig auf den Kopf!« und die Alte warf ihm ihre Krücke zu.

Der Bruder tat nur so, als ob er die Tiere schlage. Die Alte ließ sich täuschen und sprang von oben her auf ihn.

Oh, da stürzten sich die wilden Tiere auf die Alte. Löwe, Tiger, Leopard, Bär, sie alle stürzten sich von rechts und von links auf sie und waren nahe daran, die Alte zu zerfleischen.

Der Mann hielt die Tiere zurück und wandte sich der Alten zu:

»Auf wen willst du, im Angesichte des Todes, meditieren: auf den Schlächter oder auf die Schutzgottheiten?« fragte er, schwang sich auf den Nacken der Alten und ritt sie ...

»Gib mir meinen Bruder zurück! Gibst du mir den Bruder zurück!« rief er.

»Bitte, töte mich nicht! Ich gebe dir den Bruder zurück! Doch zuvor mußt du den Löwen, den Tiger, den Bär, all die wilden Tiere, zurückrufen, damit sie mich nicht zerfleischen. Ich gebe dir den Bruder zurück! Töte mich nicht!« kreischte die Alte.

»Gut, dann gib ihn zurück!« sprach der Mann.

Die Alte besaß ein Wiederbelebungselixier. Davon sprenkelte sie ein wenig auf den tot daniederliegenden Bruder und auf die tot daniederliegenden Tiere.

Zuerst erhoben sich die Tiere aus ihrem Todesschlaf: der Löwe erhob sich, der Tiger erhob sich, der Leopard erhob sich, der Bär erhob sich. Alle Tiere fanden zurück ins Leben. Der Wolf, der Fuchs, der Luchs, der Hase, sie alle erhoben sich.

Zum Schluß erwachte auch der Bruder.

Zu der Alten sprachen sie: »Schwöre, daß du von heute an keinem einzigen Wesen mehr irgendein Leid zufügst!«

Die Menschenfresserin legte den Schwur ab und bat, auf die Schutzgottheiten meditieren zu dürfen.

Die Brüder erlaubten es ihr.

Die Brüder hatten sich wiedergefunden. Glücklich vereint, machten sie sich auf den Weg.

»Wir wollen zum König gehen!« sprachen sie.

»In seinem Reich lebte die Menschenfresserin. Wir haben ihrem Unwesen ein Ende gesetzt.

In seinem Reich hauste der Drache. Wir haben seinem Unwesen ein Ende gesetzt.

Wir werden zum König gehen und sagen: ›Gib uns zu essen, gib uns zu trinken!‹
Wir werden zu ihm sagen: ›Gib uns deine Tochter!‹
Wir werden uns in seinem Reich niederlassen!« Mit diesen Plänen machten sich die Brüder auf den Weg zum Königshaus.
Unterdessen erschien jener Minister mit dem entwendeten Drachenkopf beim König und sprach:
»Ich und meine Leute haben den Drachen getötet!
Als Beweis bringe ich Euch das Drachenhaupt!
Ich habe Eure Tochter vor dem Opfertode bewahrt!
Ihr müßt mir Eure Tochter geben!
Ihr müßt die Hälfte des Königreiches an mich abtreten!
Ich habe den Drachen getötet!
Ich verlange meinen Lohn!«
Dem König und seinen Ministern blieb nichts anderes übrig, als den Forderungen des Mannes nachzukommen.
»Wir müssen dem Mann die Tochter geben!« sprachen sie.
»Laßt uns die Hochzeitsfeierlichkeiten so bald als möglich abwickeln!« – Das Königshaus wurde in diesen Tagen zu einer Gerüchteküche. Gerüchte grassierten rundum im ganzen Land. –
Zu diesem Zeitpunkt erreichten die beiden Brüder das Königshaus. In einiger Entfernung davon schlugen sie ihre Zelte auf.
Sodann sprachen sie zu dem Bären: »Hol uns Tchang! Geh!
Sag: ›Gebt uns Tchang! Dort drüben ist unser Zeltlager, gebt uns Tchang!‹ Sollte man dir schlechten Tchang geben, so schütte ihn fort! Bringe uns ja keinen miesen Tchang her!
Sag: ›Gebt mir vom besten Tchang!‹« Mit diesen Worten schickten sie den Bären los.
Der Bär betrat das Tchanghaus und sprach zu der Wirtin:
»Bringe Tchang! Bringe Tchang her!«
Sie gab ihm vom schlechten.
Der Bär schnupperte daran und zerschmetterte den Tchangkrug auf einem Stein.
»Bringe Tchang!« forderte wieder der Bär.

Die Wirtin gab ihm diesmal Tchang von mittlerer Qualität.
Der Bär schnupperte daran, und wieder zerschmetterte er
den Tchangkrug auf einem Stein.
»Bringe Tchang her!« forderte er erneut.
Nun wurde ihm von dem besten Tchang gegeben; den nahm
er mit.
Sie tranken Tchang in Mengen und wurden immer lustiger.
Sodann schickten sie den Fuchs. Sie sprachen zu ihm:
»Bringe uns Fleisch! Laß dir nur von dem besten Fleisch
geben! Sollten sie dir schlechtes Fleisch geben, so wirf es
fort! Bringe nur vom besten!«
Der Fuchs ging.
»Gebt mir Fleisch!« forderte er.
Man gab ihm vom schlechten.
Der Fuchs warf es fort.
»Gebt mir Fleisch!« forderte er erneut.
Man gab ihm mittelgutes Fleisch.
Der Fuchs warf es fort.
»Gebt mir Fleisch!« forderte er wieder.
Jetzt gaben sie ihm vom besten; er nahm es mit.
Sie aßen Fleisch, tranken Tchang, tranken Tee und machten
es sich gemütlich.
Sodann schickten sie den Hasen.
»Hase, führe uns das Mädchen her!« sprachen sie.
Der Hase hoppelte zum Königshaus und schnurstracks in
das Gemach der Königstochter.
Die Prinzessin saß schön gekleidet und geschmückt in
ihrem Gemach, war jedoch gar nicht glücklich ...
»Den wirklichen Drachentöter, den, der wirklich mein
Leben gerettet hat, den haben sie getötet. Dieser ist nicht der
richtige Drachentöter, er ist es nicht. Doch ich getraue mich
nicht, es zu sagen. Ich mag nicht mit diesem Lügner zusammenleben! Ich hasse ihn! Doch ich getraue mich nicht, es
dem König zu sagen!« grübelte sie.
Sehr, sehr traurig war die Prinzessin.
Der Hase hoppelte vorsichtig zu des Mädchens Sitzplatz
und zupfte an ihrem Gewand.

Die Prinzessin bemerkte es nicht.

Wieder und wieder zupfte der Hase an ihrem Gewand. Die Prinzessin nahm es nicht wahr.

Der Hase kratzte ihre Waden. Jetzt schaute die Prinzessin nach, schaute von links, schaute von rechts, doch sie konnte nichts entdecken.

Wieder kratzte der Hase sie, diesmal zwischen den Beinen.

»Was das nur ist?« dachte sie und schaute zwischen ihre Beine. Sofort erkannte sie den Hasen wieder.

»Der Hase ist gekommen!« freute sie sich.

Der Hase führte das Mädchen zu dem Zeltlager der Brüder.

Der Tiger, der Leopard, der Bär, alle wilden Tiere, begrüßten das Mädchen stürmisch: sie rollten sich, sie tummelten sich, sie sprangen an ihr hoch ... Sie freuten sich so sehr! War das eine Wiedersehensfreude!

»Wie geht es dir?« fragten sie das Mädchen.

»Sehr bald schon soll ich verheiratet werden«, erzählte sie.

»Ich soll diesem Drachentöter, diesem vermeintlichen Drachentöter, gegeben werden. Die Hochzeitsvorbereitungen werden bereits getroffen. Morgen, übermorgen schon soll die Hochzeit sein!«

»Hm, Mädchen, du gehörst uns! Niemand sonst hat ein Anrecht auf dich! Er hat kein Recht, dich zu fordern! Du gehörst uns! Uns muß die Hälfte des Königreiches abgetreten werden. Ihm steht nichts zu. Er hat kein Recht, irgend etwas zu fordern!« sagten die Brüder.

»Oh, wenn das so ist, dann bin ich froh, dann bin ich glücklich! Nichts möchte ich lieber, als mit euch zusammenzuleben!« sagte das Mädchen.

»Das ist gut!« sagten die Brüder und schickten die Prinzessin zurück ins Königshaus.

Danach begaben auch sie sich zum Königshaus.

Mit Löwe, Tiger, Leopard, Bär, mit allen wilden Tieren, trat einer der Brüder von rechts her in den Königshof ein.

Der andere trat mit Löwe, Tiger, Leopard, Bär, mit allen wilden Tieren, von links her in den Königshof ein.

Aufgeregt riefen die Leute: »Was soll das bedeuten? Etwas sehr Ungewöhnliches ereignet sich heute dort im Hofe!« Die Brüder forderten: »Gebt uns die Königstochter!« »Die Königstochter wird euch nicht gegeben!« kam die Antwort.

»Mm, wenn ihr eure Tochter nicht hergebt, werdet ihr heute etwas erleben!

In eurem Reich gab es die Menschenfresserin Rotgesicht! Wir haben ihrem Unwesen ein Ende gesetzt!

In eurem Reich gab es den Drachen! Wir haben seinem Unwesen ein Ende gesetzt!

Da ihr sagt, ihr wollt uns die Königstochter nicht geben, so laßt euch sagen: dazu habt ihr keine Macht!

Wir zwei werden euch euer gesamtes Königreich entreißen!

Wir werden euch eures Ranges entheben!«

Der vermeintliche Drachentöter rief: »Nicht ihr habt den Drachen getötet! Wir haben ihn getötet! Wir haben seinem Unwesen ein Ende gesetzt! Was könnt ihr uns als Beweis vorlegen? Wenn ihr zwei den Drachen getötet habt, könnt ihr uns des Drachen Haupt zeigen?«

Da sprach der Drachentöter-Bruder: »Jene dort haben das Drachenhaupt entwendet. Sodann haben sie mir den Kopf abgeschlagen!« Dabei zeigte er seine Halswunde. »Bringt den Drachenkopf her!« forderte er.

Der Drachenkopf wurde gebracht.

»Wohl habt ihr das Drachenhaupt, doch wo ist des Drachen Zunge?« fragten die Brüder.

Man untersuchte des Drachen Maul; es hatte keine Zunge. Dem Drachenhaupt fehlte die Drachenzunge.

»Wir haben die Drachenzunge!« verkündeten die Brüder und zeigten sie vor. »Die Wahrheit ist die: Wir haben den Drachen getötet. Als wir schliefen, kamen jene, schlugen dem Bruder den Kopf ab und entwendeten das Drachenhaupt!«

Der König und seine Minister entschieden, den beiden Brüdern die Prinzessin zu geben.

Sie entschieden, ihnen die Hälfte des Königreiches zu über-
lassen. Jenen vermeintlichen Drachentöter, der die Prinzes-
sin unrechtmäßig gefordert hatte, steckten sie ins Gefäng-
nis.
Von nun an nahmen die Brüder königlichen Rang ein.
Sie herrschten über die Hälfte des Königreiches.
Die Tochter des Königs wurde ihre Braut.
Freude und Glück waren dem Himmel gleich.
Die Sorgenblätter wurden mit den Wassern fortgetragen.
Arrak und Butteröl tropften, tropften, tropften.
Buttermilch und Molke flossen in Strömen.
So lebten sie, ihr Brüder und Schwestern ...

Drachenhorn und goldenes Stöcklein

Ein Junge ging auf die Jagd. Er ging, um Rehe und
Hirsche zu jagen. Er traf auf einen Hirsch.
Gerade als er – aus dem Hinterhalt – den Hirsch abknallen
wollte, kam ein heftiger Wirbelsturm auf.
Der Wirbelsturm trieb massenhaft Staub mit sich. Staubpar-
tikel setzten sich in die Augen des Jungen fest. Seine Augen
brannten. Er konnte kaum noch etwas erkennen. Sein Jagd-
glück war zunichte, auf den Hirschen zu schießen war
sinnlos geworden.
Der Junge war wütend. In seinem Zorn schoß er mitten
hinein in den Wirbelsturm.
Als der Sturm sich gelegt hatte, schaute er nach, ob er etwas
getroffen habe. Er fand einen Stiefel. Es war ein überaus
schöner Stiefel, von bester Qualität und kunstfertig gearbeitet.

Er nahm den Stiefel mit und trug ihn zu einem Stiefelmacher: »Bitte, näht mir den passenden dazu!«

Der Stiefelmacher wunderte sich sehr und fragte: »Woher hast du diesen Stiefel? Wo hast du ihn gefunden? Wie ist er in deine Hände gekommen? Ich habe diesen Stiefel vor Jahren genäht! Dieser Stiefel gehört der Tochter unseres Königs! Jahre sind vergangen, da sie von einem Dämon fortgetragen wurde! Seitdem hat man nie mehr etwas von ihr gehört und gesehen! Dies ist der Stiefel des Mädchens. Ich weiß es, denn ich habe ihn genäht! Erzähle! Wie in aller Welt ist dieser Stiefel in deine Hände gekommen?«

Der Junge berichtete: »Ich ging Hirsche jagen. Ein heftiger Wirbelsturm, ein Sandsturm, kam auf. Sandpartikel setzten sich mir in die Augen. Ich wurde zornig und schoß auf den Wirbelsturm; da ist dieser Stiefel heruntergefallen.«

Der Stiefelmacher erzählte alles dem König.

»Wo war es, wo hast du dem Wild aufgelauert?« wollte der König wissen. »Zeig mir die Stelle, wo dein Geschoß den Wirbelsturm getroffen hat! Komm, laß uns dorthin gehen!«

Sie gingen hin zu der Stelle. Sie fanden Blutstropfen am Boden. Sie folgten den Blutspuren nach. Weite Entfernungen mußten sie zurücklegen. So manche Pässe hatten sie zu überqueren. Die Blutspuren endeten schließlich bei einem riesigen, roten, bizarren Felsen. Sie kletterten auf den Felsen und schauten umher. Da sahen sie unter sich, in unendlichen Tiefen, eine Höhlenöffnung. Die Blutspuren verloren sich beim Eingang der Felsenhöhle.

Sie beschlossen, den Jungen an einem Seil in die Höhle herunterzulassen, damit er die Spuren weiter verfolge. Hernach wollten sie ihn wieder hochziehen.

Sie banden dem Jungen ein starkes Seil um die Taille und ließen ihn herunter.

Ewigkeiten schien es zu dauern. Unendlich tief unten war die Höhle. Doch irgendwann kam er auf festen Grund.

Der Junge gelangte in eine große Stadt, den Hort der Dämonen.

Er ging auf die Suche nach der Prinzessin. Überall spähte er umher, ob er sie wohl entdecke.

Er fand das Mädchen und fragte: »Wie geht es dir? Wie bist du hierhergekommen?«

»Von einem Dämon bin ich hierher verschleppt worden«.

»Wo ist der Dämon, der dich verschleppt hat?« wollte der Junge wissen.

»Er liegt dort auf dem Thron und schläft. Gestern hat mich der Dämon mit übers Land getragen. Ein Jäger schoß auf ihn. Der Dämon wurde verwundet. Siehst du – auf dem Thron dort schläft er!«

»Laß uns zu ihm hingehen! Wir wollen ihn töten!«

»Es ist nicht einfach, ihn zu töten«, sprach das Mädchen. »Es gibt nur eine Stelle an seinem Körper, wo er ernsthaft verwundet werden kann! Auf der weißen Muschelplatte, auf seiner Stirn, befindet sich ein roter Punkt, so groß wie ein Floh. Wenn du diesen Punkt triffst, kannst du ihn töten! Triffst du diesen Punkt nicht, kannst du ihn nicht töten!«

»Laß uns zu ihm hingehen!«

Sie näherten sich dem Dämon.

»Wo auf der weißen Muschelstirn dieses Ungeheuers ist der rote Punkt, so groß wie ein Floh?« fragte der Junge.

»Mitten auf der Stirn hat der Dämon ein Muttermal, das ist er!« antwortete das Mädchen.

Der Dämon schlief fest. Die beiden schlichen sich nah genug heran; der Junge legte sein Gewehr an und – schoß. Er traf haargenau das Muttermal auf der weißen Muschelstirn des Dämon: den roten Punkt, so groß wie ein Floh. Er hatte den Dämon getötet.

»Laß uns nun gehen!« sprach der Junge.

Er nahm das Mädchen mit zum Höhlenschacht, von wo er wieder herausgezogen werden sollte.

Als er sich hochziehen lassen wollte, da erhob das Mädchen Einspruch: »Ich habe Angst, alleine hier zurückzubleiben! Ich möchte als erste gehen!«

Der Junge antwortete: »Laß mich zuerst gehen! Danach werden wir dich hochziehen!«

»Nein«, sprach sie, »ich habe Angst! Ich kann nicht alleine hierbleiben! Ich will zuerst gehen!«

»Ach, ich werde dich doch nicht hier zurücklassen! Ich schwöre es dir! Ich werde dich schon hochziehen! Ich lasse dich doch nicht hier unten zurück! Zuerst gehe also ich!«

»O nein, nein, ich mag nicht zurückbleiben. Ich will zuerst gehen! Ich will zuerst gehen!« sagte das Mädchen immer und immer wieder.

Schließlich sagte der Junge: »Gut, gehe du zuerst! Aber gib mir irgend etwas von dir, das mir als Unterpfand dienen kann!«

Die Prinzessin gab ihm ihren Ring. Sodann ließ sie sich nach oben ziehen.

Die Leute des Königs, die das Mädchen hochzogen, beredeten sich flugs: »Wir haben die Königstochter befreit! Wir haben sie hochgezogen! Wir haben sie aus den Klauen des Dämon befreit! Die Belohnung werden wir uns teilen! Wir lassen uns das nicht entgehen! Den Jungen lassen wir dort unten zurück! Wer will uns etwas beweisen?«

Sie führten das Mädchen zum König und sprachen: »Majestät, wir haben Eure Tochter aus dem Lande der Dämonen befreit!«

Feierlich gaben sie dem Vater die Tochter zurück.

Der Junge, im Dämonenland zurückgelassen, wartete und wartete, doch kein Seil, kein Seilende erschien im Höhlenschacht. Er ging zurück in die Dämonenstadt und schaute sich um.

Er fand einen Schlüssel. Es war ein goldener Schlüssel.

Zu dem goldenen Schlüssel passend fand er eine goldene Tür.

Er öffnete die goldene Tür mit dem goldenen Schlüssel.

Doch in den Räumen hinter der goldenen Tür fand er nichts als Menschenleichen.

Er fand einen silbernen Schlüssel.

Zu dem silbernen Schlüssel passend fand er die silberne Tür.

Mit dem silbernen Schlüssel öffnete er die silberne Tür.
Dahinter fand er nichts als Tierskelette.
Er fand einen eisernen Schlüssel.
Zu dem eisernen Schlüssel passend fand er das eiserne Tor.
Mit dem eisernen Schlüssel öffnete er das eiserne Tor.
Dahinter war ein Drache eingesperrt. An allen Gliedern war
er mit Eisenketten gefesselt.
Der Junge fragte den Drachen: »Was soll das bedeuten? Was
ist mit dir?«
Der Drache erzählte: »Ein mächtiger, alter Teufel hat mich
hierher verschleppt. Ich selbst bin ein Sohn aus dem Lande
der Wassergeister. Ein Teufel hat mich geraubt, mich hier-
her verschleppt, mich hier eingesperrt, mir diese Fesseln
angelegt!
Und du, du wirst von dem Teufel aufgefressen werden!
Warte nur ab, du wirst gefressen!«
»Ich habe den Dämon bereits getötet!« bemerkte der Junge.
Der Drache mochte es nicht glauben. »Hast du ihn wirklich
getötet?« fragte er.
»Wirklich, ich habe ihn getötet!« antwortete der Junge.
»Oh, würdest du dann bitte versuchen, diese Eisenketten zu
lösen?
Bitte, befreie mich!«
»Selbstverständlich!« sagte der Junge und rannte hin und
her, hierhin und dorthin, bis er einen schweren Eisenham-
mer gefunden hatte. Damit schlug er auf die Eisenketten ein
und konnte den Drachen von seinen Fesseln befreien.
Der Drache, glücklich befreit, sprach zu dem Jungen:
»Halte dich an meinem Schwanz fest! Halte dich ganz, ganz
fest! Gib acht, daß dir mein Schwanz nicht aus den Händen
gleitet! Kralle dich richtig fest! Ich werde dich nach oben
tragen!«
Der Junge hielt sich am Schwanz des Drachen fest und
wurde nach oben, ans Tageslicht, in die Freiheit getragen.
»Du hast mir das Leben gerettet! Du hast mir unendlich
Gutes erwiesen! Bitte, komme mit zu mir nach Hause!« bat
der Drache.

Der Junge antwortet: »Meine alte Mutter wartet auf mich. Ich muß nach Hause zurück. Ich habe keine Zeit, mit dir zu kommen! Ich muß zu meiner Mutter zurück! Sicherlich macht sie sich Sorgen. Sie wird denken, ihr Sohn sei von Göttern oder Dämonen fortgetragen worden. Sie wird denken, Menschen haben ihn getötet. Sie macht sich Sorgen. Sie ist alt. Ich muß zu ihr gehen!«

»Sprich nicht so!« bat der Drache. »Das Leben hast du mir gerettet! Unendlich Gutes hast du mir erwiesen! Du mußt mit zu mir nach Hause kommen!«

Sie begaben sich in die Heimat des Drachen.

Dort angekommen, bat der Drache erneut: »Bitte bleibe in unserem Haus! Du sollst eine hohe Position bekleiden! Du sollst auf einem Thron sitzen! Du hast mir das Leben gerettet! Du hast mir unendlich Gutes erwiesen! Bitte, bleibe bei uns!«

»Ich habe keine Zeit!« antwortete der Junge. »Meine Mutter ist sehr alt. Sie macht sich Sorgen. Sie weiß nicht, was mir widerfahren ist! Ich habe keine Zeit! Ich muß nach Hause zurück!«

Da der Junge darauf bestand, nach Hause zurückzugehen, sprach der Drache zu ihm: »Meine Familie wird zu dir sagen:

›Was immer wir an Reichtümern besitzen, du kannst es dir wünschen! Wir werden es dir geben! Alles, was wertvoll ist auf dieser Welt: Gold, Edelsteine, Seiden und Brokate; du kannst es dir wünschen! Wir werden es dir geben!‹

Wenn sie dir derlei Reichtümer schenken, so bringt es dir doch keinen Nutzen! Darum höre! In unserem Tempel befinden sich ein Drachenhorn und ein goldenes Stöcklein! Sage zu ihnen: ›Das will ich haben!‹«

»Ist gut«, sagte der Junge.

Nun erst suchten sie die Familie des Drachen auf.

Stürmisch wurde der Drache begrüßt. Die Fragen überstürzten sich: »Wo warst du? Was ist dir widerfahren? Wie ergeht es dir? Erzähle! Sprich!«

Der Drache erzählte: »Dieser Junge hat mir das Leben gerettet. Von einem Dämon wurde ich verschleppt. Dieser Junge hat den Dämon getötet. Mit Eisenketten haben sie mich gefesselt und eingesperrt. Dieser Junge hat mich von den Fesseln befreit! Er hat mir das Leben gerettet! Er muß einen Ehrenplatz in unserer Familie erhalten!«

Da sprachen die Eltern des Drachen: »Du hast unserem Sohn das Leben gerettet. Du sollst auf einem Throne erhöht sitzen!«

Sie ließen ihn auf einem goldenen Thron Platz nehmen und sprachen: »Dein ganzes Leben sollst du auf diesem Thron sitzen! Du sollst das Oberhaupt unserer Familie sein!«

Der Junge antwortete: »Ich habe keine Zeit zu bleiben! Meine Mutter ist sehr alt. Ich muß nach Hause zurück! So ist es nun einmal! Ich kann nicht bleiben! Ich werde sehr bald aufbrechen!«

»Gehe nicht fort! Bleibe wenigstens für drei Jahre bei uns!« baten sie.

»Ich habe keine Zeit!«

»Dann bleibe für drei Monate!«

»Ich habe keine Zeit!«

»Oh, dann bleibe wenigstens für drei Tage!«

»Na gut«, willigte der Junge ein.

Sie führten ihn in das Schatzhaus und sprachen: »Was immer du von diesen Reichtümern brauchen kannst, wir werden es dir geben! Wähle!«

»Ich brauche nichts von alledem!« antwortete der Junge.

Sie führten ihn in das Vorratshaus und sprachen: »Was immer du an Nahrungsvorrat brauchst, wir werden es dir geben!«

»Ich brauche nichts von alledem!« antwortete der Junge.

Sie führten ihn in den Tempel und sprachen: »Was immer du aus diesem Tempel gebrauchen kannst, wir werden es dir geben! Welche Wünsche auch immer du äußern solltest, wir werden sie dir gewähren!«

Der Junge erblickte Drachenhorn und goldenes Stöcklein ...

»Das dort möchte ich haben!« sprach er.

»Etwas Wertvolleres als dieses gibt es nicht noch einmal auf dieser Welt!« sagten sie. »Doch du hast unserem Sohn das Leben gerettet! Wir können es dir nicht verweigern! Wir haben es dir zu geben! So nimm es denn!«

Sie überreichten dem Jungen Drachenhorn und goldenes Stöcklein und verabschiedeten ihn.

Der Drachensohn sprach: »Eine Tagesreise werde ich dich begleiten, eine Tagesreise werde ich dich tragen!«

Der Drache trug ihn ein Stück des Weges. Unterwegs fragte der Junge: »Welchen Nutzen kann mir das Drachenhorn bringen? Welchen Nutzen kann mir das goldene Stöcklein bringen?«

Der Drache antwortete: »Was immer du auf dieser Welt brauchst, was immer du dir wünschst, das kannst du dir herbeizaubern.

Wenn du einen Wunsch hast oder etwas benötigst, konzentriere deine Gedanken darauf und schlage mit dem goldenen Stöcklein auf das Drachenhorn! Auf der Stelle wird es vor dir erscheinen!«

Nachdem der Junge ein gutes Stück Weg zurückgelegt hatte, kam er in eine große, leere Ebene. Er hatte keine Kraft mehr weiterzugehen. Erschöpft setzte er sich nieder. Da dachte er: »Ein Pferd müßte man haben! Ach, hätte ich doch ein Pferd!«

Im gleichen Moment fiel ihm ein: »Hat der Drache nicht gesagt, was immer du brauchst, mit Drachenhorn und goldenem Stöcklein kannst du es dir herbeizaubern? Und nun brauche ich ein Pferd!«

Drachenhorn und goldenem Stöcklein flüsterte er seine Gedanken zu: »Ich brauche ein gutes Pferd! Ich kann nicht mehr laufen! Ich brauche ein Pferd, ein gutes Pferd, mit einem schnellen Trab!«

Mit dem goldenen Stöcklein schlug er auf das Drachenhorn.

Sofort stand ein prächtiges Pferd vor ihm: gesattelt und gezäumt, mit einem großartigen Trab ...

Noch nie hatte er solch ein Pferd geritten.

Am Abend erreichten sie ein Anwesen. Der Junge mietete sich für die Nacht ein. Da er nichts zu essen und zu trinken hatte, flüsterte er Drachenhorn und goldenem Stöcklein zu: »Bitte, schafft mir etwas zu essen, schafft mir etwas zu trinken!«

Er schlug mit dem goldenen Stöcklein auf das Drachenhorn.

Speisen und Getränke erschienen vor ihm, mehr und köstlicher, als er zu träumen gewagt hätte. Großzügig verteilte er davon an seine Gastgeber.

Der Mann der Familie wunderte sich nicht wenig.

»Das ist sehr sonderbar«, dachte er. »Ich will ihm das Drachenhorn und das goldene Stöcklein fortnehmen!«

Den Jungen fragte er: »Wohin gehst du morgen? Wann wirst du aufbrechen?«

»Noch vor Sonnenaufgang werde ich aufbrechen!« antwortete der Junge.

Lange vor Sonnenaufgang stand der Mann auf, begab sich zu der Brücke des großen Flusses und wartete.

Als der Junge nahte, sprang er vor, entwendete ihm das Drachenhorn und stieß Pferd und Reiter in den Fluß.

Das Pferd, eine Schöpfung der Götter, war unverletzbar. Es trug den Jungen sicher ans Ufer.

Sie galoppierten zurück zum Gasthaus.

Zornig fuhr der Junge den Mann des Gasthauses an: »Du schamloser Schuft! Gestern habe ich dir Speisen und Getränke ausgegeben; vom Köstlichsten, vom Besten habe ich dir gegeben! Dennoch raubst du mir das Drachenhorn! Dennoch stößt du Pferd und Reiter in den Fluß! Gib auf der Stelle das Drachenhorn zurück! Darüber hinaus wirst du mir Bußgeld zahlen! Du schamloser Schuft, der du Gutes mit Schlechtem vergiltst!« Dabei durchbohrte der Junge ihn mit seinem Zeigefinger.

Der Mann sprach: »Rede nicht so! Übe keine Vergeltung! Ich gebe dir das Drachenhorn zurück! Schelte nicht!«

Der Mann hatte unterdessen versucht, sich mit dem Drachenhorn seine Wünsche zu erfüllen. Doch da er das goldene Stöcklein nicht erlangt hatte, waren alle Versuche fruchtlos geblieben. Mit einem ordinären Stöckchen hatte er das Drachenhorn bearbeitet. So sehr er auch auf das Drachenhorn einschlug, nicht ein einziger seiner Wünsche wurde ihm erfüllt. Als nun der Reiter zurückkam und das Drachenhorn forderte, da gab er es ohne Bedauern und ohne Umstände zurück, denn für ihn brachte es keinen Nutzen.

Reiter und Pferd galoppierten mit Drachenhorn und goldenem Stöcklein davon. Nicht lange, und sie erreichten des Jungen Zuhause.

Das Wiedersehen mit der Mutter war Freude und Schmerz zugleich.

Die Mutter klagte: »Wo warst du nur? Ich habe mir solche Sorgen gemacht! Du warst wie vom Erdboden verschwunden! Nichts hat man von dir gesehen! Nichts hat man von dir gehört! Ich habe solche Angst um dich gehabt! Ich habe mich gegrämt und mir Vorwürfe gemacht!« Sie weinte und schluchzte, lachte und weinte und weinte und lachte.

Später berichtete sie: »Morgen wird die Prinzessin verheiratet.

Es ist die Prinzessin, die aus dem Dämonenland befreit wurde. Die Erretter fordern sie als Lohn. Morgen soll die Hochzeit sein. Auch wir zwei sollten hingehen!«

Doch dann kamen ihr Zweifel: »Ach was«, sprach sie, »wir zwei haben ja nichts Passendes anzuziehen! Wir haben keinerlei Festtagsschmuck! Wir gehen besser nicht hin!«

»Ach«, dachte der Junge, »wie gut, daß ich das Drachenhorn und das goldene Stöcklein habe! Was immer ich
brauche, kann ich mir herbeizaubern!«
Drachenhorn und goldenem Stöcklein flüsterte er seine
Wunschgedanken ein: »Für mich und meine Mutter brauche ich eine prächtige Ausstattung. Nur das Beste schafft
mir herbei! Schafft mir Seiden, Brokate, Wollstoffe, Lamm-
felle, Onyx und Korallen, Bernstein und Türkise herbei!«
Mit dem goldenen Stöcklein schlug er auf das Drachenhorn
ein. Sogleich lagen die schönsten Kleider und der prächtig-
ste Schmuck bereit.
Mutter und Sohn kleideten sich festlich und gingen zur
Hochzeit. Der Junge stellte fest, daß der Tchang für die
vielen Gäste nicht ausreichte.
Er nahm Drachenhorn und goldenes Stöcklein zur Hand
und flüsterte ihnen zu: »Schafft mir den besten Tchang
herbei! Schafft Reistchang herbei!«
Mit dem goldenen Stöcklein schlug er das Drachenhorn,
und sogleich stand der Tchang vor ihm.
Er übergab den Tchang dem König.
Der König ließ ihn daraufhin erhöht, auf einem Thron,
Platz nehmen.
Der Thron des Jungen befand sich genau gegenüber dem
Thron der Prinzessin. Das Mädchen war sehr schüchtern
und wagte nicht, den Kopf zu heben, so sehr er auch darauf
wartete.
Der Junge dachte: »Ah, sie schaut auch nicht ein einziges
Mal auf! Wenn ich hier sitzen bleibe, passiert nichts!«
Er stand auf und setzte sich neben das Mädchen. Das
Mädchen gab sich weiterhin schüchtern und hielt den Kopf
gesenkt.
Nun begann der Junge herumzuwerkeln. Er tat so, als wolle
er Schnupftabak schnupfen. Er richtete es so ein, daß der
goldene Ring in ihr Blickfeld fiel. Er wartete gespannt ab, ob
sie den Ring erkennen würde.
Langsam wurde die Prinzessin neugierig. Unmerklich blin-
zelte sie mit ihren Augen. Sie sah den Ring, nahm ihn aber

zunächst nicht richtig wahr. Erst nach und nach erwachte in ihr die Erinnerung: Hatte sie den Ring nicht schon einmal gesehen? War das nicht ihr Ring; der Ring, den sie damals dem Jungen gab, der sie gerettet hatte? Sie schaute noch einmal genau hin. »Kein Zweifel, es ist mein Ring! Mein Lebensretter ist hier!« jauchzte es in ihr. Sie sprang auf und lief zu ihrem Vater, dem König.

»O Vater, diese Männer hier haben mich nicht aus dem Dämonenland befreit! Sie haben gelogen! Ich durfte nichts sagen! Sie ließen mich schwören, daß ich nichts sage! Sie haben mir gedroht! Sie haben mich zwar aus der Höhle hochgezogen, haben aber den Jungen in der Höhle zurückgelassen.

Der Junge, der mich aus den Klauen der Dämonen befreit hat, ist heute hierhergekommen! Vater, wenn du mich jemandem gibst, dann nur ihm! Die anderen sind Lügner, sind Gauner, sind Verbrecher! Sie haben den Jungen im Dämonenland zurückgelassen! Heute jedoch ist er hergekommen! Derzeit gab ich ihm einen Ring als Unterpfand! Er hat den Ring! Er ist es! Mein Lebensretter ist da! Ihm mußt du mich geben!«

Der König ging, sich selbst zu überzeugen. Sofort erkannte er den Goldring seiner Tochter ...

Der König gab dem Jungen seine Tochter zur Braut.

Die, die das Mädchen unrechtmäßig gefordert, die den Jungen in der Höhle zurückgelassen hatten, wurden in den Kerker geworfen.

Von nun an lebten der Junge und die Prinzessin in Frieden und Wohlergehen.

Freude und Glück waren dem Himmel gleich.

Die Sorgenblätter wurden mit den Wassern fortgetragen.

Arrak und Butteröl tropften, tropften, tropften.

Buttermilch und Molke flossen in Strömen …

Die nicht gestorbene Prinzessin

Es gab einmal eine Familie mit drei Söhnen.

Der älteste Sohn hatte sich eine Frau genommen.

Der mittlere Sohn hatte sich eine Frau genommen.

Der jüngste Sohn hatte keine Frau.

Der Jüngste führte für den älteren und den mittleren Sohn die Bücher. So war er derjenige, der stets zu Hause war. Er führte gewissenhaft die Bücher und blieb daheim.

Die beiden älteren Brüder gingen auf Handelsreisen, arbeiteten, machten Profite und sammelten Besitz an. Was sie erhandelten, brachten sie nach Hause. Brav führte der Jüngste darüber Buch.

Die Frauen der beiden Brüder redeten auf den Jüngsten ein: »Sitze nicht in der Weise herum!« sagten sie. »Zwar erweist du uns große Dienste, doch dein Leben vergeudest du! Das solltest du nicht tun! Schaue dich um in der Welt! Baue dir deine eigene Existenz auf! Nimm dir eine Frau!«

Der Jüngste antwortete stets: »Ich bin's zufrieden! Ich will zu Hause bleiben! Meine Brüder haben mich in ihrer Güte

als Buchhalter eingesetzt. Ich bin glücklich darüber! Mehr will ich nicht!«

»Für uns alle ist es von Vorteil, wenn du im Hause bleibst!« sagten die Frauen. »Für dich aber wird es schließlich von Nachteil sein! Fange etwas an mit deinem Leben! Mache Geschäfte! Schaffe dir deine eigene Basis!«

»Ich verstehe mich nicht aufs Geschäftemachen! Ich bin kein Geschäftsmann! Das einzige, was ich kann, ist die Buchhaltung zu führen!« antwortete der Jüngste.

»Du solltest dein Glück versuchen! Jeder kann Geschäfte machen! Es hat keinen Sinn, so herumzusitzen und in den Tag hinein zu leben! Was soll später aus dir werden? Versuche es! Gehe! Versuche ein bißchen Handel zu treiben! Oder aber suche dir eine Frau, die reich ist!« sagten die Frauen.

»Dann gehe ich lieber Handel treiben!« rief nun der Jüngste.

»Doch auch das geht nicht! Ich habe kein Kapital!«, wandte er ein.

Da sagten die Frauen schnell: »Jeder von uns gibt dir drei Silberstücke! So geh!«

Sie gaben ihm jeder drei Silberstücke, und der Jüngste ging Handel treiben. Er machte Profit. Zwölf Silberstücke konnte er heimtragen. Zu Hause angekommen, setzte er sich sogleich wieder über die Bücher.

Die beiden Frauen fragten: »Warst du erfolgreich? Hast du Profit gemacht?«

»Oh ja«, antwortete der Jüngste. »Sechs Silberstücke habt ihr mir gegeben! Und jetzt habe ich zwölf!«

»Das hast du aber sehr gut gemacht! Das ist prima! Wir werden dir dein Kapital noch ein wenig aufstocken, soviel, daß du achtzehn Silberstücke hast! Versuche es noch einmal!«

Sie schickten ihn fort.

Zu der Zeit kamen die beiden älteren Brüder von ihrer Handelsreise zurück. Als sie hörten, der Jüngste sei außer Haus, da wurden sie böse.

»Als Buchhalter haben wir ihn eingesetzt! Draußen hat er nichts verloren! Er bekommt zu essen! Er hat ein Dach über dem Kopf! Was will er mehr! Es gibt nicht die geringste Notwendigkeit für ihn, Geschäfte zu machen. Er hat zu Hause zu bleiben! Wir haben ihm Arbeit gegeben! Wir haben ihn als Buchhalter eingesetzt! Draußen hat er nichts verloren! Wir werden ihn töten!«

Die beiden Frauen riefen entsetzt: »Bitte, bitte, redet nicht so! Wir rieten ihm, Handel zu treiben! Wir haben ihn gedrängt! Von sich aus wäre er niemals gegangen! Wenn ihr schimpfen wollt, so beschimpft uns!«

Die beiden Brüder waren nicht zu beschwichtigen. Der Zorn hatte sie gepackt. »Wir werden ihn töten!« wiederholten sie wieder und wieder und begaben sich auf die Suche nach ihm.

Unterdessen kam der Jüngste zurück. Die beiden Frauen sprachen: »Die Brüder sind zurückgekommen! Sie sagen, sie wollen dich töten! Sie sind fest entschlossen! Wir zwei haben alles getan, um sie zu beschwichtigen. Es half nichts! Sie sind entschlossen, dich zu töten! Geh fort! Bitte! Geh sogleich! Bitte!«

»Ich gehe nicht!« antwortete der Jüngste. »Meine großen Brüder haben mich stets umsorgt! Sie haben mich aufgezogen. Ich habe alles von ihnen bekommen, was ich brauchte. Sie haben mir zu essen gegeben. Sie haben mir Kleider gegeben. Sie werden mich schon nicht töten! Warum sollte ich fortgehen! Ich bleibe!«

»Oh bitte, laufe fort! Sie meinen es ernst!« drängten die Frauen.

»Ich gehe nicht! Immer waren sie gütig zu mir. Warum sollte ich sie also verlassen? Warum sollte ich mich undankbar erweisen? Ich gehe nicht!« beharrte der Jüngste.

»Glaube uns! Sie werden dich töten! Sie sind eben fortgegangen, dich zu suchen! Auch uns befahlen sie, dich zu suchen. Wir müssen ihnen jetzt hinterher! Glaub uns doch! Sei vernünftig! Hör auf uns! Lauf fort! Bitte!«

Endlich begriff er. Er machte sich auf den Weg in die unbekannte weite Welt.

Als der Jüngste ein gutes Stück gegangen war, da begegnete ihm auf einem Marktflecken ein alter Mann mit einem Ochsen.

»He, Kleiner Mann!« rief der Alte. »Willst du mir nicht diesen Ochsen abkaufen?«

»Der Kleine Mann hat kein Geld, solch einen Ochsen zu kaufen!« rief der Jüngste zurück.

»Sag das nicht, Kleiner Mann! Kaufe den Ochsen! Bestimmt hast du genug Geld, den Ochsen zu kaufen!« rief der Alte.

»Nur achtzehn Silberstücke habe ich! Das ist niemals der Preis für einen Ochsen! Ich kann ihn dir also nicht abkaufen!« sagte der Jüngste.

»Oh, wenn du achtzehn Silberstücke hast, so gib sie mir! Das ist genau der Preis für den Ochsen!« meinte der Alte.

»Ist gut«, sprach der Jüngste. Er übergab dem Alten die achtzehn Silberstücke und erhielt den Ochsen.

Er setzte auf und ritt auf dem Ochsen weiter seines Weges … Er ritt und ritt. Bis zum Abend hatte er bereits eine Pferdestrecke von achtzehn Tagen zurückgelegt.

Er traf einen reichen Kaufmann, der mit Hunderten und Tausenden von Maultieren unterwegs war und gerade sein Zeltlager aufschlug.

»Kleiner Mann, woher kommst du?« fragte der Kaufmann.

»Aus China komme ich! Heute nachmittag bin ich aus China gekommen!« antwortete der Jüngste.

»Was du nicht sagst«, bemerkte der Kaufmann, »von China kommst du! An einem Tage, an einem halben Tag bist du von China bis hierher geritten! Achtzehn Tage braucht es, die Strecke auf Pferden und Maultieren zurückzulegen! Und du sagst, du kommst heute von China! Das kann wohl nicht wahr sein!«

»Es ist aber wahr«, sagte der Junge.

»Auf einem Ochsen bist du geritten! Eine Achtzehn-Tage-Pferdestrecke willst du auf einem Ochsen an einem halben Tag zurückgelegt haben! Das ist nicht wahr!« beharrte der Kaufmann.

»Es ist aber wahr«, versicherte der Junge.

Der Kaufmann wurde nachdenklich und beschloß, dem Jungen zu glauben. »Er ist ein ungewöhnlicher Knabe«, dachte er.

»Willst du mich als Diener auf meinen Handelsreisen begleiten?« fragte er den Jungen.

»Gut, ich komme mit«, antwortete der Junge.

»Was kannst du denn?« fragte der Kaufmann.

»Ich verstehe mich auf Buchführung«, sagte der Junge.

Der Kaufmann setzte ihn als seinen Buchhalter ein. Sie zogen auf Handelsreisen, hin und her, zwischen Tibet und China.

Nach zwei Jahren treuen Diensten sprach der Kaufmann zu dem Jungen: »Zwei Jahre bist du nun in meinen Diensten! Es wird Zeit, daß du dir deine eigene Existenz aufbaust! Vergeude nicht dein Leben! Ich gebe dir den Lohn für die zwei Jahre, die du für mich gearbeitet hast! Baue dir damit deine eigene Existenz auf! Nimm dir eine Frau!«

»Ich will nicht! Ich kann nicht! Ich weiß nicht, wie man das macht!« wehrte sich der Junge. »Ich verstehe mich nicht aufs Geschäftemachen! Ich weiß nicht, wie man sich eine Existenz aufbaut! Ich kann mich nicht selbst ernähren! Ich kann nicht Frau und Kinder ernähren! Laßt mich bei Euch bleiben!«

Der Kaufmann blieb streng. »Du vergeudest dein Leben! Du bist ein guter und tüchtiger Junge! Was andere können, kannst auch du! Tue etwas! Schaffe dir deine eigene Existenz! Nimm dir eine Frau!«

Der Kaufmann entließ den Jungen.

Der Junge kam in eine große Stadt. Er dachte: »Der Kaufmann hat mir meinen Lohn ausgezahlt; vielleicht sollte ich versuchen, hier in dieser Stadt etwas Handel zu treiben!« Er betrat die Stadt. Er sah ein Haus ganz aus Gold. Alle Fenster waren aus Gold. Alle Türen waren aus Gold. Aus einem der Fenster schaute ein wunderschönes Mädchen heraus ...

»Das ist ein so reiches Haus, dort brauche ich erst gar nicht hinzugehen«, dachte der Junge. »Ich habe nicht das Kapital, um mit solch reichen Leuten Handel zu treiben.«

Der Junge machte kehrt und wollte verschwinden.

Da rief das Mädchen: »Kleiner Mann, wo gehst du denn hin? Kennst du mich denn nicht? Warum kommst du nicht zu uns herauf? Warum gehst du fort?«

»Wer ist dieses Mädchen?« dachte der Junge. »Ich habe sie doch noch nie gesehen! Sie kennt mich! Sie weiß meinen Namen! Wer sie wohl sein mag?«

Er ging zu ihr hoch. Nachdem er eingetreten war, fragte das Mädchen wieder: »Kleiner Mann, wieso bist du nicht gleich zu uns gekommen? Wohin wolltest du denn gehen? Nimm Platz! Trink! Iß!« Das Mädchen bot ihm erlesene Süßigkeiten an, wie Honig und Kandis, und setzte ihm die köstlichsten Speisen vor.

Der Junge aß und trank. Die Zeit verging ...

Irgendwann jedoch kamen ihm Bedenken. »Ist es denn recht, daß ich in diesem goldenen Hause sitze und mich bedienen lasse?« fragte er sich.

Zu dem Mädchen sprach er: »Ich gehe!«

»Wieso willst du fort?« fragte das Mädchen. »Bleibe hier! Wir zwei wollen zusammenleben!«

»Nein, ich muß gehen! Ich will versuchen, ein paar Geschäfte zu machen!«

»Warum willst du Geschäfte machen?« fragte das Mädchen.

»Sieh, ich habe doch alles, was wir brauchen. Ich besitze Reichtümer in Hülle und Fülle! Auch an Nahrung fehlt es uns nicht! Du brauchst nicht auf die Suche nach Reichtümern zu gehen! Wir zwei, wir werden heiraten!«

»Oh, das geht nicht«, sagte der Junge. »Ich kann nicht heiraten. Ich kann keine Frau ernähren. Ich bin gänzlich unfähig. Ich habe nichts gelernt. Ich verstehe mich nicht aufs Geschäftemachen! Es hat keinen Sinn zu heiraten! Stell dir vor, wir bekommen Kinder! Wie soll ich sie denn ernähren? Ich bin unfähig! Meine Hände haben noch nie etwas zustande gebracht!«

»Das ist ganz in Ordnung«, sagte das Mädchen. »Mach dir keine Sorgen! Wir haben alles, was das Herz begehrt! Alles, was es an Reichtümern auf dieser Welt gibt, ist hier versammelt! Du brauchst keinen Handel zu treiben! Wir werden heiraten! Wir werden glücklich sein!«

Der Junge überlegte eine Weile und willigte dann ein.

Die beiden heirateten. Sie hatten mehr als genug zu essen und zu trinken. Sie hatten keine Sorgen. Sie lebten ihr Glück.

Nach einiger Zeit gebar sie einen Sohn. Jetzt, nachdem ihm ein Sohn geboren worden war, erwachte in dem Jungen das Verlangen, sich seinen Brüdern zu zeigen. Er wünschte sich, ihnen seine hübsche und kluge Frau vorzustellen, die ihm soviel Glück und soviel Reichtum beschert und die ihm einen Sohn geboren hatte.

Ihn verlangte danach, seinen Brüdern, die ihn töten wollten, die schlecht über ihn gedacht hatten, zu zeigen, daß er erfolgreich, daß er zu Ansehen gekommen war. Zu seiner Frau sprach er:

»Laß uns meine Brüder besuchen gehen! Ich möchte sie wiedersehen!« Er wiederholte seine Bitte so oft, daß sie schließlich einwilligte.

Eines Tages machten sie sich auf den Weg. Als sie in der Familie der Brüder ankamen, waren beide gerade wieder auf einer Handelsreise. Die beiden Frauen der Brüder, alle Familienmitglieder und die gesamte Dienerschaft freute sich riesig, ihn wiederzusehen.

»Oh, ist das schön!« riefen sie. »Wie freuen wir uns! Du hast eine Frau! Du hast einen Sohn! Du hast eine eigene Familie! Du bist reich! Alles ist gut geworden! Wie schön, daß du uns besuchen kommst!«

Sie arrangierten ein großes Wiedersehensfest mit den besten Speisen und Getränken, die sie herbeizuschaffen vermochten.

Die Frau des älteren Bruders hatte einen hohen Lama als Bruder. Zu ihm gingen die Frauen und erzählten: »Rimpotche, der Jüngste aus der Familie, ist zu Besuch. Alles ist gut geworden. Er hat eine hübsche, kluge Frau von edler Geburt erlangt! Er lebt in Reichtum! Wer hätte das gedacht – damals! Es war sein großes Glück, diese Frau zu finden!«

Der Lama dachte bei sich: »Sie denken, alles habe sich zum Guten gewendet. Sie denken, die Frau sei eine Göttin!«

Laut sagte er: »Es wird kein gutes Ende nehmen mit eurem Jüngsten! Was ich sehe, ist: die Frau des Jüngsten ist eine Dämonin. Sie ist eine gemeingefährliche Todesdämonin! Das kann nicht gutgehen!«

Die Frauen waren entsetzt über die Worte des Lamas. Sie glaubten ihm nicht. Sie sprachen: »Was redet Ihr? Sicher entspringt das Euren eigenen selbstsüchtigen Gedanken! Sie ist eine sehr gute Frau! Sie ist über alle Zweifel erhaben! Sie ist klug! Sie hat ein gutes Herz! Sie ist von edler Geburt! Eine bessere Frau hätte er niemals erhalten können! Ihr tut ihr Unrecht, Rimpotche!«

»Laßt uns prüfen, ob ich Unrecht habe«, schlug der Lama vor.

»Setzt ihr beiden euch morgen hin und strickt Socken! Bittet die Frau des Jüngsten, sich zu euch zu setzen! Laßt einen Garnknäuel, scheinbar unabsichtlich, herunterfallen! Macht es so, daß er weit über den Boden kullert! Bittet eure Schwägerin, das Garnknäuel aufzuheben! Wenn sie sich bückt, den Garnknäuel aufhebt und euch zurückgibt, dann ist sie ein Mensch dieser Welt! Bückt sie sich nicht und gibt sie euch ein Garnknäuel von irgendwo her, dann ist sie eine Todesdämonin!«

Die Frauen versprachen, die Schwägerin auf die Probe zu stellen. Am folgenden Morgen setzten sie sich hin und strickten Socken.

Zu der Frau des Jüngsten sagten sie: »Setze dich zu uns, Schwester, leiste uns Gesellschaft!« Sie ließen ein Garnknäuel, scheinbar unabsichtlich, auf den Boden kullern. Sie baten die Schwägerin:

»Schwester, würdest du uns bitte das Garnknäuel aufheben?«

»Was hat dieser Garnknäuel schon für einen Nutzen? Nehmt diesen hier!« sagte die Frau des Jüngsten, und blitzschnell holte sie aus ihren Brusttaschen ein Garnknäuel hervor.

Das war klar genug! Sie war eine Dämonin, eine Todesdämonin!

Die Frauen suchten den Lama auf und berichteten: »Wirklich, sie ist eine Dämonin, eine gefährliche Todesdämonin! Wir haben getan, was Ihr uns rietet! Sie hat sich nicht nach dem heruntergefallenen Garnknäuel gebückt! Woher sie ihn nahm, wissen wir nicht. Blitzschnell griff sie in ihre Brusttasche und reichte uns einen anderen Garnknäuel! Sie ist eine Todesdämonin!

Rimpotche, wie können wir dem Jüngsten helfen? Wie können wir ihn von dieser Dämonin befreien? Er ist in großer Gefahr! Er braucht Hilfe!«

»Da kann man nichts tun«, sagte der Lama.

Die beiden Frauen ließen nicht locker: »Er braucht jemanden, der ihm hilft! Er braucht jemanden, der ihn von dieser Todesdämonin befreit! Ihr könnt ihm helfen! Ihr kennt Euch aus in diesen Dingen! Bitte, helft ihm!«

Der Lama willigte ein. »Gut«, sprach er, »morgen werde ich eine Initiation auf die zornigen Gottheiten zelebrieren. Alle sollen sich versammeln! Irgendeiner von euch nehme morgen dieses Messer in die Hand und rufe: ›Wer soll dieses Messer benutzen? Wer soll es benutzen?‹

Ein anderer ruft: ›Rimpotche soll es benutzen! Rimpotche soll es benutzen!‹ Werft das Messer zu mir hin!«

Mit ehrfürchtigen Verbeugungen und Beteuerungen, alles nach dem Willen des Lamas zu arrangieren, verabschiedeten sich die Frauen. Die beiden Frauen sprachen zueinander und zu jedem, der es hören wollte: »Rimpotche wird der Todesdämonin ihr Unwesen austreiben! Alle sollen sich versammeln! Morgen wird er eine Initiation zelebrieren!«

Die Frau des Jüngsten hatte, da sie eine Todesdämonin war, alles, was vor sich ging, erspürt. Sie wußte, was ihr bevorstand. Zu dem Jüngsten sprach sie: »Wir lebten glücklich und in Frieden zusammen! Dann wolltest du unbedingt die Familie deiner Brüder aufsuchen! Deine Wünsche respektierend, willigte ich ein. Morgen werden sie mich nun töten! Du aber sei nicht traurig! Gräme dich nicht! Laß dir das

Leben nicht schwer werden! Und bitte, sei gut zu unserem Sohn! Sei ihm ein liebender Vater!«

Verwundert fragte der Jüngste: »Warum sollten sie dich töten? Dazu gibt es doch keinen Grund! Das ist doch ohne Sinn! Was redest du? Warum sollten sie dich töten?«

»Sie sagen, ich sei eine Todesdämonin«, antwortete das Mädchen. »Es ist nicht falsch, was sie sagen. Ich bin eine Todesdämonin!

Das kam so: Ich war die Tochter eines großen Königs. Ich lag im Sterben. Ich starb lange. Es war wohl so, daß man mich für tot halten konnte; doch ich war nicht tot. Sie legten mich in einen goldenen Sarkophag. Sie gaben mir Grabbeigaben von allen Kostbarkeiten dieser Welt. Ich vermochte nicht, gänzlich zu sterben. Ich vermochte nicht zu genesen. Ich verwandelte mich in eine Todesdämonin. Dennoch habe ich keinem Wesen je ein Leid zugefügt. Obwohl ich nie jemandem ein Leid zugefügt habe, will der Lama mich morgen töten und mich in die Gefilde der Glückseligkeit geleiten. Bitte, sei gut zu unserem Sohn!«

Der Jüngste sprach: »Auch wenn du eine Todesdämonin bist – wir zwei lieben uns! Wir gehören zusammen! Ich will nicht, daß du stirbst! Ich will nicht, daß du mir genommen wirst! Wie können wir verhindern, daß sie dich töten? Was können wir tun?«

»Ich lasse mich lieber töten«, antwortete das Mädchen. »Denn wenn ich es verhindere, wozu ich die Mittel habe, dann muß der Lama sterben. Und das will ich nicht. Der Gedanke macht mich traurig. Lieber lasse ich mich töten!«

»Denke nicht so!« sprach er. »Für mich gibt es nichts Schlimmeres, nichts Traurigeres, als wenn du stirbst! Wenn der Lama sterben muß, damit du leben kannst, dann muß er eben sterben!«

Das Mädchen hatte Erbarmen mit dem Jüngsten und sprach:

»Gut, höre, was du tun mußt! Morgen werden sich viele Menschen versammeln. Der Lama wird eine Initiation zelebrieren. Alle sollen sich versammeln. Auch wir zwei werden hingehen. Einer aus der Menge wird rufen: ›Wer soll dieses Messer benutzen? Wer soll es benutzen?‹ Ein anderer wird rufen: ›Rimpotche soll es benutzen! Rimpotche soll es benutzen!‹ Sie werden ihm das Messer zuwerfen. Das mußt du verhindern! Wenn gerufen wird: ›Wer soll dieses Messer benutzen?‹ So rufe du: ›Meine Frau soll es benutzen! Meine Frau soll es benutzen!‹ Sie müssen es mir zuwerfen! Wenn das gelingt, werde ich fähig sein, den Lama sterben zu lassen! Dann werden wir unser ganzes Leben lang zusammenbleiben können!«

»O ja«, sagte der Jüngere, »ich werde alles tun, was du gesagt hast!«

»Ja«, sprach sie, »wenn sie mir das Messer zugeworfen haben, dann geh du unverzüglich dahin zurück, woher wir gekommen sind! Doch wundere dich nicht! Du wirst keine Stadt finden. Auch das goldene Haus, in dem wir lebten, wirst du nicht wiederfinden! Beides existiert nicht in Wirklichkeit. Einen riesigen Leichenacker wirst du vorfinden! Auf diesem Leichenacker gibt es, etwas höher gelegen, einen großen Hügel! Gehe zu diesem Hügel und trage ihn ab! Grabe! Grabe, bis du einen goldenen Sarkophag findest! Rufe: ›Schwester! Mädchen! Prinzessin!‹ Klopfe an die Wände des Sarkophags! Klopfe! Rufe! Ich werde zu Leben kommen! Ich werde Töne von mir geben! Der Sarkophag wird sich öffnen!«

Am folgenden Tag, als während der Zeremonie jemand rief: »Wer soll dieses Messer benutzen? Wer soll es benutzen?« da rief der Jüngste: »Meine Frau soll es benutzen! Meine Frau soll es benutzen!«

Das Messer wurde seiner Frau zugeworfen. Im gleichen Moment verlor der Lama sein Bewußtsein und fiel zu Boden. Er war in einen Starrkrampf verfallen. Das Mädchen aber entschwand – ins Nichts.

Ein Geraune erhob sich in der Menge: »Der Lama ist in einen Starrkrampf verfallen ...!« Alle steckten die Köpfe zusammen und tuschelten.

Währenddessen floh der Jüngste mit seinem Sohn, so

schnell er nur konnte. Er eilte zurück, dorthin, wo sie früher wohnten. Es war, wie das Mädchen gesagt hatte: Er fand keine Stadt. Er fand kein goldenes Haus. Das einzige, was er vorfand, war ein großer Leichenacker. Er durchstreifte den Leichenacker. Etwas höher gelegen, fand er den großen Hügel. Er begann zu graben. Er begann den Hügel abzutragen. Er grub und grub und stieß schließlich auf den goldenen Sarkophag. Er schlug gegen den Sarkophag und rief mit lauter Stimme: »Prinzessin! Prinzessin!« Ohne Unterlaß rief er und dabei hämmerte er gegen den Sarkophag. Endlich öffnete er sich. Darinnen lag die Prinzessin ...

Ein Auge hatte sie geöffnet. Ein Auge hatte sie geschlossen. Eine Körperhälfte war verrottet. Eine Körperhälfte war heil. Verweste Fleischfetzen hingen auf der einen Seite herunter. Die andere Körperhälfte war der eines Menschen dieser Welt ähnlich. Sie begann sich ein klein wenig zu regen. Ein flacher, winziger Atem setzte ein. Nach und nach wurde der Atem größer, sie bewegte sich; schließlich vermochte sie aufzustehen und den Sarkophag zu verlassen.

Sobald die Prinzessin dem Sarkophag entstiegen war, verwandelten sich die Kostbarkeiten, die ihr beigegeben waren, in ein mächtiges Königreich.

Die Prinzessin sprach: »Da ich die Tochter eines großen chinesischen Königs bin, kann ich dir alles, was du je benötigen solltest, geben! Wir werden glücklich sein!«

Die Prinzessin erholte sich schnell. Schnell heilten die Wunden. Er unterstützte den Heilungsprozeß mit den besten Heilmitteln, die in ihrem Königreich zu haben waren.

Die verweste Seite ihres Körpers begann sich zu festigen. Das Fleisch regenerierte sich, wurde rosig und frisch. Bald war sie vollkommen genesen.

Sie war die Tochter eines großen Königs. Sie war eine Göttin. Man ließ ihr keine Zeit zu sterben. Man ließ ihr keine Zeit zu genesen. Zu früh wurde sie in die farbenprächtigen Seiden gehüllt und in einem goldenen Sarkophag beigesetzt. Scheintot wurde sie begraben. Sie wurde eine Todesdämonin ...

Zum Schluß wurde sie durch das große Erbarmen und die
Segnungen des Lamas wieder in ein menschliches Wesen
zurückverwandelt.
Der Junge und die Prinzessin lebten von nun an in Frie-
den.
Sie erfreuten sich großen Reichtums.
Freude und Glück waren dem Himmel gleich.
Die Sorgenblätter wurden mit den Wassern fortgetragen.
So lebten sie.

Verscherztes Glück

Es gab einmal einen Jungen, der war ganz allein auf dieser Welt.

Einen Vater hatte er nicht. Der Vater war längst tot.

Eine Mutter hatte er nicht. Die Mutter war längst tot.

Er hatte keinen Bruder und keine Schwester.

Er hatte kein Zuhause.

Und da er kein Zuhause hatte, durchstreifte er die Lande. Eines Tages, als er so einherwanderte, da begegnete ihm ein weißer Mann auf einem weißen Pferd.

»Wer bist du?« fragte der Junge.

»Ich bin der König der Unterwelt«, antwortete dieser.

»Oh«, sagte der Junge, »wenn du der König der Unterwelt bist, dann bist du gewiß ein vortrefflicher Mensch. Ich will dich besuchen kommen. Ich will dein Freund sein.«

So geschah es. Der Junge und der König der Unterwelt wurden Freunde. Jeden Tag trafen sie sich. Sie trafen sich am Ufer des Sees, verzehrten gemeinsam auserlesene Speisen und vertrieben sich die Zeit mit Spielen.

Eines Tages sprach der Junge zu dem König der Unterwelt: »Ich möchte deine Braut sehen. Ich möchte wissen, was für eine Braut du hast. Zeigst du sie mir mal?«

Doch der König der Unterwelt antwortete:

»Meine Braut – die bekommst du nie, niemals zu Gesicht ...«

»Ha«, sprach der Junge, »ich will deine Braut unbedingt sehen. Und nicht nur das, leihen sollst du sie mir. Leihe sie mir!

Leihe sie mir ein einziges Mal!«

»Sagst du das im Ernst?« fragte der König der Unterwelt.

»Ich meine es ernst«, sprach der Junge.

»Nun, wenn du es unbedingt willst, so werde ich sie also fragen ...«

Am folgenden Morgen sprach er zu dem Jungen:

»Sie hat ›Ja‹ gesagt. Ich werde sie dir morgen schicken. Sie
wird hier am Seeufer sein. Kleide du dich in deine besten
Gewänder, schmücke dich und komme! Aber – paß auf,
daß dir kein Fehler unterläuft! Schmücke dich, putze dich
heraus und vergiß auch die Begrüßungsscharpe nicht! Es
ist ein großes Glück für dich! Passe auf, daß du es nicht
verscherzt!«

»Ist gut«, antwortete der Junge.

Am folgenden Morgen machte sich der Junge auf den Weg
zum Seeufer.

Unterwegs dachte er bei sich: »Des Freundes Braut ist
gewiß von edler Geburt und überaus hübsch.« In freudiger
Erwartung beschleunigte er seine Schritte. Doch als er an
das Ufer gelangte, da sah er weit und breit kein Mädchen,
keine Frau. Was er sah, war eine goldfarbene Schlange, die
sich rund um den See geschlängelt hatte und schlief. Wie
angewurzelt blieb er stehen. Er wagte es nicht, sie zu
berühren. Er wagte es nicht einmal, nahe heranzugehen. Er
floh ...

Am nächsten Tag sprach der König der Unterwelt zu ihm:

»Gestern habe ich dir meine Braut geschickt. Doch von dir war nichts zu sehen und zu hören, sagt sie. Was war los?«

Der Junge antwortete: »Ich war wohl da. Deine Braut war nicht da. Du hast versprochen, sie mir zu schicken. Du hast gelogen. Erst hast du mir den Mund wäßrig gemacht, und dann hast du mich sitzenlassen. Außer einer goldfarbenen Schlange, die den See umschlungen hielt und schlief, war niemand da.«

»Mm«, sprach der König der Unterwelt, »die goldfarbene Schlange war doch meine Braut. Ich werde sie morgen erneut herschicken.

Wenn du Angst hast, schließe deine Augen! Kneife deine Augen fest zu und packe sie – die Schlange!«

»Mache ich«, sprach der Junge.

Am folgenden Morgen schmückte und kleidete sich der Junge, so gut er konnte, entzündete die Butterlampen, füllte die Opferwasserschalen und ging zum See.

Wieder lag die goldfarbene Schlange, den See umschlungen haltend, schlafend am Ufer.

Der Junge kniff die Augen fest zusammen, sprang auf die Schlange zu und packte sie.

Als er seine Augen endlich wieder zu öffnen wagte, da sah er das schönste Mädchen, das er je auf dieser Welt gesehen.

  Sie hatte Haar gleich Pfauenfedern.

  Sie hatte ein Antlitz gleich einer Blume.

  Sie hatte einen Körper gleich einem Bambuspfeil.

Das Mädchen fragte: »Was willst du?«

Und da sie nun gefragt hatte, was er wolle, so antwortete der Junge:

»Dich will ich haben. Den König der Unterwelt habe ich gefragt. Er ist einverstanden. Und jetzt will ich dich haben.«

»Ah ja ...«, sagte das Mädchen, »wie wollen wir es denn machen? Sollen wir es wie die Götter oder wie die Menschen machen?«

Der Junge dachte bei sich: »Wie die Menschen es machen, das weiß ich; doch mit der göttlichen Methode habe ich gar keine Erfahrung. Himmlisch muß das sein. Ganz bestimmt wird das gut.«

Und so antwortete er: »Laß es uns wie die Götter machen! Ich möchte die göttliche Methode.«

»Gut«, sagte das Mädchen, »dann reiche mir deinen Mittelfinger!«

Der Junge hielt ihr seinen Mittelfinger hin.

Zart berührte das Mädchen den Mittelfinger und entschwand – ins Nichts.

Am folgenden Morgen kam der König der Unterwelt, um seinen Freund zu treffen. Er sprach: »Du hast meiner Braut ein Kind gemacht. Dieses Kind wird ein sehr außergewöhnliches Kind sein. Du mußt für es sorgen. Durch dieses Kind wirst du alle Macht, allen Reichtum, alle Freuden dieser Welt erlangen. Aller Königreiche dieser Welt sollst du dich bemächtigen. Unter den Lebewesen der sechs Welten wird es niemanden geben, der mächtiger sein wird als du.

Nach neun Monden und zehn Tagen wird das Mädchen ein Kind gebären. Wenn die Zeit herannaht, komm zum See! Zieh deine besten Kleider an, aber komm ohne Waffen! Schwert, Gewehr und dergleichen darfst du nicht bei dir haben!«

»Ist in Ordnung«, sagte der Junge.

Nach neun Monden und zehn Tagen machte der Junge sich bereit. Er zog seine besten Gewänder an, steckte sein Schwert in die Seite, schwang sich das Gewehr auf den Rücken und machte sich auf den Weg zum Seeufer.

Schon von weitem sah er, wie eine Wildyakkuh warf und ihr Kälbchen leckte. Das Schwert in der Seite, das Gewehr auf dem Rücken, kam der Junge anmarschiert. Die Wildyakkuh witterte Gefahr, stürzte sich auf ihn ... Der Junge griff nach dem Gewehr und – schoß.

Er hatte getroffen. Die Wildyakkuh und ihr Kälbchen sprangen in den See. Der See färbte sich rot. Vom Blut der Wildyakkuh wurde der See ganz rot.

Der Junge schaute sich weiter um. Von einem Sohn, der ihm geboren, war nichts zu sehen.

Am nächsten Morgen kam der König der Unterwelt. Sogleich sprudelte es aus dem Jungen hervor: »Genau nach neun Monden und zehn Tagen – das war gestern – bin ich zum See gegangen. Von dem Mädchen, das mir einen Sohn gebären soll, war nichts zu sehen.«

»Das Mädchen hat das Kind geboren«, sprach der König der Unterwelt, »doch du hast sie getötet. Du hast Mutter und Sohn getötet. Du hast mit dem Gewehr auf sie geschossen.

Ich befahl dir, kein Gewehr zu tragen. Du trugst ein Gewehr.

Ich befahl dir, kein Schwert zu tragen. Du trugst ein Schwert.

Habe ich dir nicht gesagt, daß du keine Waffen bei dir tragen sollst? Niemals habe ich dir gesagt, du sollst mit Waffen kommen!

Du hast deine Aufgabe nicht erfüllt!

Das wird kein gutes Ende nehmen!«

Von diesem Tage an erging es dem Jungen schlechter und schlechter.

Da er Nixe und Sohn getötet hatte, errang er nichts von den Reichtümern und der Macht, die ihm prophezeit waren.

Wäre er ohne Schwert, ohne Gewehr zum Seeufer gekommen, dann hätte er einen Sohn der Unterwelt sein eigen nennen können; dann hätte er alle Macht und alle Reichtümer dieser Welt erlangt ...

Er verscherzte sein Glück.

Erotische Märchen

Aku Tömpa als Pferdedieb

Aku Tömpa arbeitete als Diener bei einem Kaufmann. Eines Abends schlugen sie in der Nähe einer Stadt ihre Zelte auf. Aku Tömpa hatte als Bewacher von Pferden, Maultieren und sonstigem Hab und Gut draußen zu schlafen.

Eines Nachts stahl Aku Tömpa das Reitpferd des Kaufmanns und verkaufte es an Leute, die von weit her kamen und noch in derselben Nacht mit dem Pferd über alle Berge waren.

Der Kaufmann schlief unruhig. »Ob alles in Ordnung ist? Tömpa wird wohl nicht eingeschlafen sein!«

»Tömpa, Tömpa ...«, rief er.

»Ah«, ließ sich Tömpa vernehmen.

»Tömpa, was machst du? Du bist doch nicht eingeschlafen?«

»Wie könnte ich einschlafen. Ich zähle die Sterne«, antwortete Aku Tömpa.

Nach einer kleinen Weile rief der Kaufmann wieder:

»Tömpaa ...«

»Ah, la ...«, antwortete er.

»Du bist doch nicht eingeschlafen, Tömpa?«

»Wie könnte ich einschlafen!« rief Aku Tömpa. »Eurem Reitpferd wachsen Hörner. Ich schaue zu, wie sie wachsen!«

Dort, wo des Kaufmanns Reitpferd angebunden war, stand am folgenden Morgen ein Ochse.

»Wie kommt das? Das Pferd ist weg! Was ist geschehen?« rätselte der Kaufmann.

»Habe ich es Euch letzte Nacht nicht erzählt? Habe ich nicht gesagt, Eurem Reitpferd wachsen Hörner!? Doch Ihr habt es nicht für nötig befunden, aufzustehen und es Euch anzuschauen!« meinte Aku Tömpa.

Dem war nichts entgegenzuhalten.

Aku Tömpa hatte unterdessen bereits alles Silber, das er für das Pferd erhalten hatte, ausgegeben. Man konnte ihm nichts nachweisen.

Aku Tömpa besteigt die Königstochter

Aku Tömpa ging seines Weges. Unterwegs traf er die Königstochter, die ihre Pferde grasen ließ.

»Aku Tömpa, wohin gehst du?« fragte sie.

»Oh«, antwortete er, »ich gehe auf die andere Seite des Passes. Die Königstochter hat verrottete Geschlechtsorgane, sagte man mir. Sie baten mich, sie zu besteigen. Ich gehe jetzt hin.

König und königlicher Rat haben beschlossen, die Tochter, da sie verrottete Geschlechtsorgane hat, nicht zu verheiraten. Sie soll niemandem zur Braut gegeben werden. Ich gehe jetzt hin, um sie zu besteigen.«

Die Königstochter berührte ihre Geschlechtsorgane, kratzte, wischte daran herum und beroch ihre Finger.

»Tömpa, Tömpa«, rief sie, »meine sind verrottet, nimm mich zuerst dran!«

»Ist in Ordnung!« sagte Aku Tömpa und bestieg die Königstochter.

Aku Tömpa hatte den Wunsch gehabt, ein einziges Mal mit der Königstochter verkehren zu dürfen. Mit diesem Trick gelangte er an sein Ziel.

Aku Tömpa wird der Trickser genannt. Er kommt, trickst und geht weiter.

Aku Tömpa als Brautholer

Eine Familie hatte für den Sohn die Braut abzuholen.
Sie berieten, wem sie diese Aufgabe anvertrauen könnten.
Sie sprachen: »Wir sollten nur jemand schicken, der noch
völlig unschuldig ist, jemand, der gar nicht weiß, daß man
eine Frau besteigen kann. – Doch das ist die Schwierigkeit;
wer, wer kommt da schon in Frage ...«
Aku Tömpa mischte sich ein und sprach: »Ich werde ge-
hen!«
»Oh, du sagst das nur, weil du sie besteigen willst!« antwor-
teten sie.
»Was ihr ›besteigen‹ nennt – ich weiß gar nicht, wer oder
was das ist. Ich habe noch nie davon gehört!« sagte Aku
Tömpa.
»Wenn das so ist«, besprachen die anderen sich, »dann
sollten wir ihn getrost schicken!«
Aku Tömpa wurde als Brautholer geschickt.
Bevor er ging, bat er: »Bitte, ihr werten Leute, gebt mir für
unterwegs ein Fäßchen Tchang mit, der Weg ist weit!«
Sie gaben ihm das Fäßchen Tchang.
Ausgerüstet mit dem Fäßchen Tchang, machte Aku Tömpa
sich auf den Weg. Auf dem Hinweg ließ er den Tchang hoch
oben auf dem Paß zurück.
Als er, zusammen mit der Braut, sich auf dem Rückweg
befand, da tat er, als habe der Paß ihn gerufen..
Aku Tömpa rief zurück: »Ja, Paß, was hast du gesagt,
Paß?«
Und nach einer Weile antwortete er dem Paß: »O ja, ist gut,
Paß!«
»Was sagt er«, fragte die Braut.
»Er sagt, oben auf dem Paß ist ein Fäßchen voll Tchang; wir
zwei sollen es trinken!«
»Gut«, sagte die Braut.

Auf dem Paß angekommen, stiegen sie von ihren Pferden ab, entluden die Maulesel und tranken den dargebotenen Tchang.

Danach beluden sie wieder die Maulesel, setzten auf und ritten weiter.

Nach einer Weile rief Aku Tömpa wieder: »Ja, Paß? Was ist, Paß?«

Einen Moment wartete er die Antwort des Passes ab und rief dann:

»Oh, Paß, ich getraue mich nicht!«

»Was sagt er?« wollte die Braut wissen.

»Der Paß sagt, ich soll dich besteigen – so was, nein, nein!«

Dem Paß zugewandt, rief er noch einmal: »Wirklich, Paß, ich getraue mich nicht!«

»Was sagt er?« fragte wieder die Braut.

»Er sagt, ich solle dich unbedingt besteigen!« antwortete Aku Tömpa.

»Ja, dann mußt du es eben tun!« meinte die Braut.

»Na gut«, willigte Aku Tömpa ein.

Sie glitten von ihren Pferden herunter, entluden die Maultiere und legten sich in eine Weidenmulde.

Während sie in der Weidenmulde zugange waren, liefen Pferde und Maultiere auf und davon.

Nach einer Weile kamen die Leute des Königs vorbei. Sie sahen, daß Aku Tömpa etwas mit der Braut machte ...

Aku Tömpa fand eine Ausrede: »Die Braut ist vom Pferd gestürzt«, sprach er. »Sie hat sich eine Wunde zugezogen. Gerade wollte ich die Wunde zunähen.«

Die Leute des Königs beschwichtigten ihn und sprachen: »Laß, laß, das muß so sein, wie es ist ...«

Nach diesem Ereignis waren die Leute nur noch mehr von der Unschuld des Aku Tömpa überzeugt.

Aku Tömpa als Braut

Aku Tömpa ging nach Naktchu, um Handel zu treiben.
Doch irgendwie hatte er in diesem Jahr keinen Erfolg mit
seinen Geschäften. Er schlenderte über den Markt und
hörte von einem steinreichen alten Mann, der immer noch
keine Braut erlangt habe.
Der Klatsch grassierte rundum.
Aku Tömpa hatte eine Idee ...
Er mietete sich in der Nähe des Reichen ein Haus, kleidete
sich in Frauengewänder, malte sein Gesicht an und verbrachte ab sofort Stunden damit, am Fenster zu stehen und
sehnsüchtig, gedankenverloren hinunter auf die Straße zu
schauen.
Wenn der alte Reiche vorbei kam, ließ er ein zartes Lächeln
seine Lippen umspielen, um gleich danach sich verschämt
zu drehen und zu winden.
»Dieses Mädchen ist neu«, dachte der alte Reiche, »nie habe
ich sie zuvor gesehen! Sie ist sehr schön!« Er verliebte sich in
die Neue.
Eines Tages sprach der alte Reiche die Neue an: »Mädchen,
woher kommst du? Wirst du für immer hierbleiben, oder
gehst du schon bald wieder fort?«
Der alte Reiche ging langsam vor. Das neue Freundschafts-
band mit Bedacht knüpfend, wechselte er jeden Tag ein paar
Worte mit der Neuen.
Eines Tages bat er die Neue, sie besuchen zu dürfen. Sie war
einverstanden.
Aku Tömpa besorgte sich Lungen vom Schaf, befestigte sich
diese zwischen den Beinen und wartete ab.
Um Mitternacht klopfte der alte Reiche an die Tür. Aku
Tömpa öffnete. Zuerst gab er sich verschämt – und dann
schliefen sie zusammen.
Der Alte war befriedigt. Er hatte ein Mädchen gehabt. Er
hatte nichts bemerkt.

Mehrere Tage hintereinander schliefen sie nun zusammen. Sie waren wie Mann und Frau.

Eines Tages sagte der alte Reiche: »Wir zwei, wir sollten heiraten! Du sollst meine Braut werden!«

Aku Tömpa antwortete: »Wenn du mich als Braut heimholen willst, dann mußt du mir vorher Schmuck und Kleidung und alles, was es braucht, geben!«

Der Alte, da er ein steinreicher Mann war, besorgte für seine Zukünftige von allem das Beste und Wertvollste.

Die Hochzeit fand statt. Es war ein riesiges Festgelage. Die ganze Stadt war zugegen.

Als sich die Feier dem Ende zu neigte, hob Aku Tömpa seinen Rocksaum hoch in den Himmel, und alle Leute sahen den riesigen, entblößten Penis des Aku Tömpa.

Ein entsetztes Raunen ging durch die Menge. »Des Alten Braut hat einen Penis! Wie kommt das? Was hat das zu bedeuten?« so tuschelte es.

Der alte Reiche konnte es nicht fassen. Hatte er nicht mit ihr geschlafen? Hatten sie nicht wie Mann und Frau zusammengelegen? Er war tief beschämt und schloß sich in sein Haus ein. Lange getraute er sich nicht mehr auf die Straße.

Aku Tömpa nutzte die Zeit, sich von der Koppel des Alten das beste Pferd zu stehlen und damit zu fliehen.

Er ritt zurück in die Heimat. Dort erzählte er, mit gehörigen Ausschmückungen, seine Geschichte.

Landauf, landab erzählte man sich von nun an die Geschichte von dem Alten und seiner Geliebten Aku Tömpa.

Aku Tömpa als Wohltäter

Es gab einmal ein altes Ehepaar. Es war die Zeit der Frühjahrsbestellung. Freunde und Verwandte kamen, den beiden Alten bei der Feldarbeit zu helfen.

Eines Tages, als alle Helfer um die Mittagszeit beisammensaßen, ihre Mahlzeit verzehrten, Tee tranken, Witze rissen, spielten und lachten, da kam ein Lama des Weges.

»Was pflanzt ihr denn da an?« fragte er die Alten.

Ausgelassen, wie sie waren, riefen die Feldarbeiter: »Penisse pflanzen wir! Penisse verkaufen sich immer gut!« Und sie lachten sich halb tot über ihren Witz.

Der Lama wurde ärgerlich und sprach ein Wunschgebet: »Möge aus jedem Korn, das in den Boden gesät wird, ein Penis emporwachsen!«

Im Herbst, als die Alten hinaus auf die Felder gingen, um den Fruchtstand zu begutachten, da waren die Felder voller Penisse. Die beiden Alten verzweifelten fast. »Was sollen wir nun tun? Wir haben kein Korn! Von den Penissen kann man sich nicht ernähren!« Die Alten weinten und weinten. Sie wußten sich keinen Rat.

Landauf, landab erzählte man sich von dem Unglück der beiden Alten. Auch Aku Tömpa kam die Geschichte zu Ohren.

Er ging hin zu den Alten, sie zu trösten.

»Weint nicht! Seid nicht traurig!« sprach er. »Ihr werdet einen Markt dafür finden!«

Die Alten schüttelten den Kopf. »Ach, wer kauft denn so etwas? Niemand kauft es! Dieses Jahr sind wir ohne Ernte. Wir werden nichts zu essen haben! Alles ist verloren!«

»Ich werde sie, wenn ihr erlaubt, für euch verkaufen! Seid nicht traurig!« sprach Aku Tömpa.

Er bepackte sich mit Penissen und wanderte hinauf auf einen Berg, wo sich ein Nonnenkloster befand.

Er ließ sich auf des Berges Spitze nieder und pries lauthals seine Ware an: »Ich habe Penisse zu verkaufen, Penisse zu verkaufen!«

Kein Mensch kam, um zu kaufen ...

Dann, als die Dunkelheit anbrach, kam die erste Nonne, die zweite Nonne, die dritte Nonne ... Jetzt kamen sie alle herbeigehuscht und kauften.

Zum Schluß kam auch die höchste und beste von allen, die Äbtissin.

»Wie macht man es damit?« wollte die Äbtissin wissen.

Aku Tömpa erklärte: »Lege ihn so hin und sage: ›th-th-th-th‹. Er wird sich aufrichten und in dich eindringen.

Wenn du ihn wieder heraushaben willst, sage: ›sch-sch-sch-sch‹, und er rutscht wieder heraus.«

Alle Nonnen probierten ihre neue Errungenschaft mit Vergnügen aus.

Die Äbtissin liebte den ihren ganz besonders. Sie wickelte ihn in Seiden und Brokate und verwahrte ihn in einem silbernen Kästchen auf.

Eines Tages wurde die Abtissin in eine Familie eingeladen, Zeremonien abzuhalten.

Zu ihrem Penis sprach sie: »Heute habe ich keine Zeit, ich muß fort, ich bin in eine Familie eingeladen. Ich kann unmöglich absagen!« Nach einigem Hin und Her ließ sie ihn zurück.

Doch als die Äbtissin bei der Zeremonie saß, dachte sie immer wieder an ihn, den Penis.

»Ich sollte ihn nicht zurücklassen!« überlegte sie und schickte einen Mann, das Kästchen zu holen.

»Was mag wohl Wichtiges in diesem Kästchen sein?« fragte sich der Mann; setzte sich nieder, öffnete das Kästchen und fand darin etwas, das sorgfältig in Seiden und Brokaten eingewickelt war. Langsam wickelte er es aus und fand einen Stein, in der Form eines Penis.

Der Mann erschrak. »Sie ist keine gute Nonne«, dachte er. »Wenn sie so etwas macht ...!«

»Th-th-th-th-th ...«, machte er und der Penis drang in

seinen After ein. Das nackte Entsetzen packte ihn. Er rannte hin und her, den Berg hinauf und hinunter, so lange, bis er erschöpft zusammensank und, sich auf den Boden fallen lassend, nur noch ein ›Sch-sch-sch-sch‹ hervorzubringen vermochte. Der Penis rutschte wieder heraus.

Der Mann wurde zornig, packte den Penis und zerstampfte ihn in viele kleine Stückchen. Die Bruchstückchen sammelte er ein, umwickelte sie mit den Seiden und Brokaten, legte sie zurück in das silberne Kästchen und brachte alles der Nonne.

»Du hast doch nicht etwa hineingeschaut?« fragte die Nonne.

»O nein, das würde ich mir niemals anmaßen zu tun!« antwortete der Mann.

Die Nonne war erfreut.

Am Abend schlich sich der Mann unter ihr Fenster und lauschte. In der Nacht hörte er die Nonne sagen: »Th-th-th-th ...«

Nach einer Weile hörte er wieder: »Th-th-th-th ...«

Und noch einmal: »Th-th-th-th ...«

Die Nonne machte ein kleines Licht und schaute sich die Sache an. Sie fand nichts als kleine Bruchstücke vor. Der Mann hatte den Penis zerschmettert.

Jetzt schämte sich die Nonne so sehr, daß sie am liebsten vom Erdboden verschluckt worden wäre. Noch in der gleichen Nacht packte sie ihr Bündel und floh über alle Berge.

Wie der Sohn den Liebhaber der Mutter los wird

Es gab einmal einen Vater.
Es gab einmal eine Mutter.
Es gab einmal einen Sohn.
Eine Familie gab es, die bestand aus Vater, Mutter und Sohn.
Eines Tages ging der Vater auf Handelsreise.
Während der Vater fort war, suchte sich die Mutter einen anderen Mann, einen Geliebten.
Der Sohn wußte davon.
Eines Abends, der Sohn schlief, wie immer, mit der Mutter in einem Bett, da kam der andere Mann. Auch ihn nahm die Mutter zu sich ins Bett. Nun schliefen in einem Bett, unter einer Bettdecke, drei Personen.
Eines Nachts, als sie so zu dritt beisammenlagen, da rief der Sohn: »Ama!«
»Ah ...«, sagte die Mutter.
»Das ist vielleicht komisch! Du und ich, wir zwei, wir haben sechs Knie! Ist das nicht eigenartig?«
So gab der Sohn indirekt zu verstehen, daß er wußte, was vor sich ging.
Die Mutter sprach zu ihrem Liebhaber: »Der Sohn ist von Übel! Er weiß, was los ist! Er wird es dem Vater erzählen! Besser, du tötest ihn morgen! Ich werde den Jungen morgen in die Berge schicken, und du töte ihn dort!»
»Gut«, sagte der Mann.
»Ja«, sprach die Mutter weiter, »es ist besser so. Er wird es sonst dem Vater erzählen, und der wird dich töten. Deshalb töte du morgen den Sohn!«
»Gut«, sagte der Mann.
Am folgenden Morgen bereitete die Mutter Därme zu. Sie stülpte die Därme ineinander, so daß Würste entstanden. Sie

gab dem Jungen zwei davon und sprach: »Nimm das! Gehe auf den Berg dort! Mache ein Feuer und röste dir die Würste! Vergnüge dich! Gehe in die Berge und vergnüge dich!«

Der Junge ging in die Berge. Dort sich die Zeit vertreibend, dachte er bei sich: »Warum kommt er denn nicht? Die Mutter hat doch zu ihm gesagt: ›Töte ihn!‹«

Der Mann ließ nicht lange auf sich warten. »Ah, Junge, was treibst du hier?« fragte er.

»Och«, sagte der Junge, »ich esse Darmenden.«

»Wessen Darm ist denn das?« wollte der Mann wissen.

»Das ist Menschendarm, Männerdarm ist das«, antwortete der Junge.

»Männer-, Menschendarm? Woher hast du denn die?«

Nun erzählte der Junge: »Weißt du, meine Ama, die macht das so: sie verdreht den Männern so lange den Kopf, bis sie verliebt sind. Dann nimmt sie ihnen den Darm weg und tötet sie. Sie stülpt die Innenseiten der Därme nach außen, so daß solche Würste entstehen. Siehst du, der Darm ist mit Darm vollgestopft.«

»Solange die Männer nicht richtig verliebt sind«, erklärte der Junge weiter, »nimmt sie ihnen den Darm nicht fort. Doch sie macht sie so lange verrückt, bis sie verliebt sind. Dann nimmt sie sie zu sich ins Bett, nimmt sie viele, viele Tage zu sich ins Bett. Und dann, eines Tages, wenn sie liebend beisammenliegen, reißt sie ihnen den Darm heraus ...

Irgendwann gibt sie mir davon ab. Sehr lecker sind sie, die Därme! Hier, wenn du kosten magst, iß!«

Der Junge dachte bei sich: »Was habe ich doch für eine schreckliche Mutter ...«

Das ganze auf die Spitze treibend, fügte er hinzu: »Es wird gesagt, meine Mutter sei eine Dämonin!«

Der Mann dachte: »Das ist wirklich eine fürchterliche Mutter. Ich werde besser nicht mehr zu ihr hingehen. Das Kind zu töten ist nun auch sinnlos geworden!« Er ließ den Jungen leben.

Am Abend sah die Mutter den Jungen den Hang herunter-
kommen.

»Ich habe zu ihm gesagt: ›Töte das Kind!‹ Er hat es nicht
getötet, er hat es zurückgeschickt. Oder ist er erst gar nicht
hingegangen?« Die Mutter machte sich Gedanken.

Den Jungen fragte sie: »Kind, hast du heute irgendwelche
Leute in den Bergen getroffen?«

»Oh, Ama, ein komischer Mann war da. Der Mann hatte
Haarflechten am After – sehr komisch!«

»Wie das?« fragte die Mutter.

»Ama, Haarflechten hatte er am After; doch nicht nur das,
er hatte sie mit Onyx und Korallen geschmückt. Ama,
wirklich, Haarflechten hatte er am After.«

»Wie kann das möglich sein?« dachte die Mutter.

»Wie sah denn der Mann aus?« wollte sie wissen.

Der Junge beschrieb den Mann.

»Nach seiner Beschreibung könnte er es gewesen sein«,
dachte die Mutter. »Aber offenbar hat er ihn nicht als
meinen Liebhaber erkannt.«

Am Abend kam der Mann. Er hatte es sich anders überlegt.

»Du hast den Jungen nicht getötet! Warum nicht?« wollte
die Mutter von ihm wissen.

»Oh«, antwortete der Mann, »ich habe das Kind gesucht
und gesucht; ich habe es nicht finden können!«

Da der Junge gesagt hatte, die Mutter reiße ihren Liebha-
bern die Därme heraus, mochte er nicht die Wahrheit
sagen.

Er war wiedergekommen, weil er herausfinden wollte, ob
der Junge ihn belogen hatte oder nicht.

»Falls sie mir die Därme herausreißen will, werde ich sie
töten!« dachte er. »Ich werde schon aufpassen!«

Des Nachts schlief er bei der Mutter.

Die Mutter dachte: »Der Junge hat gesagt, der Mann habe
Haarflechten am After. Flechten habe er sich geflochten und
darin Onyx und Korallen gesteckt ...!« Langsam tastete
sich die Mutter vor und griff nach dem After des Mannes.

»Du Diebin, du Darmstehlerin, ich werde schon aufpassen,

daß du meinen Darm nicht bekommst!« schrie der Mann, sprang auf und rannte davon.

Von diesem Tage an getraute er sich nicht mehr zu der Mutter des Jungen.

So wurde der Junge den Liebhaber seiner Mutter los.

Er war ein kluger Junge.

Die Prinzessin mit den zwei Geschlechtsorganen

Es gab einmal eine Königsfamilie.

Die Königsfamilie hatte eine Tochter.

Die Tochter hatte zwei Geschlechtsorgane.

Jedermann begehrte die Prinzessin zur Braut. Könige und Bettler warben um sie.

Da die Königstochter zwei Geschlechtsorgane besaß, wäre es sinnlos gewesen, ihr einen Bräutigam zu geben, der nicht zwei Penisse besessen hätte.

»Meine Tochter erhält nur der, der zwei Geschlechtsorgane vorweisen kann!« ließ der König verkünden.

Doch die Freier ließen nicht locker.

Könige kamen und baten: »Gebt sie mir!«

Prinzen kamen und baten: »Gebt sie mir!«

Reiche Leute kamen und baten: »Gebt sie mir!«

Die Söhne reicher Leute kamen und baten: »Gebt sie mir!«

Bettler kamen und baten: »Gebt sie mir!«

Die Söhne der Bettler kamen und baten: »Gebt sie mir!«

Der König wies sie alle zurück. »Es ist sinnlos«, sprach er, »wenn ihr nicht zwei Penisse vorweisen könnt, kann sie euch nicht gegeben werden!«

Ein Bettlerjunge ging eines Tages Reisig sammeln. Er kam an einen großen Fluß, den er durchqueren mußte. Als er inmitten des Flusses watete, kam ein Penis vorbeigeschwommen.

Der Bettlerjunge dachte: »Habe ich zwei Penisse, kann ich die Prinzessin erlangen! Ich will prüfen, ob dieser dem meinen gleicht!« Er verglich seinen Penis mit dem gefundenen Penis. Sie glichen sich aufs Haar: sie waren gleich lang und gleich groß.

»Wenn ich ihn nun hier andrücke, ob er wohl haftenbleibt?« überlegte der Bettlerjunge. Er hielt ihn neben dem seinen, drückte ein wenig, und siehe da, er blieb haften.

»Jetzt müssen sie mir die Prinzessin geben! Sie haben versprochen, sie dem Mann zu geben, der zwei Penisse hat, gleichgültig, ob er ein Bettlerjunge oder ein König ist«, freute sich der Bettlerjunge.

Er rannte zurück. Jedem, dem er unterwegs begegnete, rief er zu: »Ich habe zwei! Ich habe zwei! Sie müssen mir die Prinzessin geben!«

Ein Prinz kam des Weges.

Er fragte: »Wie hast du es angestellt, einen zweiten Penis zu erhalten? Woher hast du ihn?«

Der Bettlerjunge erzählte: »Reisig ging ich sammeln. Ich durchwatete den Fluß. Ein Penis kam vorbeigeschwommen. Ich prüfte, ob er dem meinen gleiche. Er war genau gleich: er war gleich lang, er war gleich groß. Ich habe ihn mir hier angedrückt.«

»Mm, auch ich will Reisig sammeln gehen!« dachte der Prinz.

Er ging Reisig sammeln. Er durchwatete den Fluß. Ein Penis kam vorbeigeschwommen. Als der Prinz ihn erblickte, kannte seine Freude keine Grenzen.

»Jetzt erlange ich die Prinzessin zur Braut, und ihre Mitgift erhalte ich obendrein!«

In seinem Übermut fuchtelte er mit dem Penis in der Luft herum; der Penis kam mit seiner Stirn in Berührung und – blieb haften! Die Kunde von den zwei Geschlechtsorganen des Bettlerjungen war unterdessen bis ins Königshaus vorgedrungen.

Dort stand man vor einem Rätsel. Man mochte es nicht glauben.

»Das ist nicht wahr! Das kann nicht wahr sein! Unmöglich!«

Der König, seine Familie, die Minister wollten der Sache auf den Grund gehen und erließen folgenden Befehl:

»Alle männlichen Untertanen sollen sich versammeln! Jeder, der ein großes oder kleines Zeichen der Männlichkeit trägt, hat zu erscheinen! Jeder soll seine Hosen herunterlassen!

Sollte es jemanden unter den Versammelten geben, der zwei Penisse besitzt, wird diesem selbstverständlich die Prinzessin zur Braut gegeben!«

Alle männlichen Wesen, groß und klein, versammelten sich. Alle ließen ihre Hosen herunter. Nach eingehender Prüfung fand sich niemand, außer dem Bettlerjungen, der zwei Penisse besaß.

Doch gerade, als sie ihn als den Bräutigam der Prinzessin ausrufen wollten, meldete sich der Prinz mit dem Stirnpenis zu Wort:

»Ich habe zwei!« rief er.

»Wo sind sie denn? Zeig sie uns!« forderten sie ihn auf.

»Hier!« rief er und lüftete seinen Hut.

»Na, der ist ja wohl zu nichts nutze!« schrie vergnügt der Bettlerjunge.

Der Bettlerjunge erhielt die Prinzessin.

Von nun an lebte er königlich.

Glück und Freude waren dem Himmel gleich.

Die Sorgenblätter wurden mit den Wassern fortgetragen.

Arrak und Butteröl tropften, tropften, tropften.

Buttermilch und Molke flossen in Strömen ...

Wie die Pferde es tun

Es gab einmal ein Anwesen, das von einem älteren Ehepaar bewirtschaftet wurde.

Sie besaßen eine Stute und einen Hengst.

Stute und Hengst waren, in einiger Entfernung vom Haus, zum Grasen angepflockt.

Die Stute war rossig. Sie machte den Hengst verrückt.

Der Hengst, der fest angepflockt war, riß sich los und besprang die Stute.

Mann und Frau waren gerade dabei, Dung zu sammeln, und sahen, was geschah. Der Mann sprach zu der Frau: »Du, Frau, sollen wir es nicht auch mal so machen? Der Hengst hat die Stute besprungen. Sollen wir das auch mal probieren?«

»O ja«, antwortete die Frau.

Die beiden gingen zurück ins Haus.

Der Mann flocht seine Haare.

Die Frau flocht ihre Haare.

Die Frau befestigte ihren Zopf an einem der kleinen Zeltpfosten.

Der Mann befestigte seinen Zopf an einem der kleinen Zeltpfosten.

Die Frau rief: »Ehehe, ehehe, ehehe« – im Pferdestil.

Der Mann antwortete: »Ehehe, ehehe, eheheee« und riß und zerrte, doch der Pfosten blieb, wo er war.

Er ging zurück zu seiner Frau und sprach: »Du, ich schaffe es nicht. Der Pfosten sitzt so fest. Was sollen wir tun?«

»Binde deinen Zopf an den Griff des Mahlsteins!« riet die Frau.

Der Mann befestigte seinen Zopf am Mahlsteingriff.

Wieder rief die Frau: »Ehehe, ehehe.«

Der Mann antwortete: »Ehehe« und zerrte ... Im Nu löste sich der Griff, schlug ihm ins Auge ... Er verlor das Auge.

Die Frau dachte: »Obwohl er sich längst vom Mahlsteingriff losriß, denkt er doch nicht daran zu kommen.«

Noch einmal rief sie: »Ehehe, was ist los? Ehehee.«

Daraufhin brüllte der Mann zurück:

»Du Elende – ehehe.

Immer noch schreist du ‹ehehe›.

Bei dem Leichnam deines Vaters: ›ehehe‹.

Bei dem Leichnam deiner Mutter: ›ehehe‹.

Bei meinem Augapfel: ›ehehe‹.«

ERLÄUTERUNGEN

Tibetische Begriffe, die bereits einen gewissen Bekanntheitsgrad besitzen oder sehr spezifisch sind, wurden nicht übersetzt, werden im folgenden aber kurz erklärt. Zusätzlich werden Erläuterungen zu einigen übersetzten Begriffen gegeben.

Dzo ist eine Kreuzung zwischen einem Yakbullen und einer Kuh; das Dzo gibt in der Regel mehr Milch als die Yakkuh; für die Zucht gilt es als ungeeignet.

Lebewesen der sechs Welten: Nach hinduistisch-buddhistischem Weltbild besteht die vergängliche Welt aus sechs Welten, Wohnstatt der sechs verschiedenen Arten Lebewesen: 1. Götter, 2. Nicht-Götter/Titanen, 3. Menschen, 4. Tiere, 5. Hungergeister, 6. Höllenwesen. Im Volk stärker verwurzelt ist die Vorstellung von den *drei Welten*: der Ober-, Zwischen- und Unterwelt. Die drei Welten sind in Liedern, Erzählungen und Rätseln, direkt oder indirekt immer präsent.

Mo: Im allgemeinen Sprachgebrauch ist Mo ein Orakel im weitesten Sinne des Wortes. Verschiedene Techniken und Objekte dienen als Medium: das Werfen von schwarzen und weißen Steinen, das Abzählen der Perlen einer Gebetskette, alles jeweils nach einem bestimmten System. In Nangchen werden in Liebesfragen z. B. die Liebeslieder des sechsten Dalai Lama als ›Mo‹ gesungen.

Palden Lhamo (›die glorreiche Göttin‹) ist eine Schutzgöttin in schreckenerregender Gestalt. Sie wird seitwärts, auf einem Maulesel reitend, dargestellt. Zu der ›Krähe‹ (?), als Erscheinungsform der Göttin, wie sie in der Geschichte ›Schwester Freude und der Weltkaufmann‹ auftritt, blieben Nachfragen und Nachschlagen in der Literatur ergebnislos.

Zu den Personennamen: Zwei Arten Personennamen finden sich in den Märchen:
1. Poetische Namen, wie Goldsee, Silbersee, usw.: Sie kommen wiederholt vor und stehen oft mit Dingen gleicher Qualität in Verbindung. Sie wurden stets ins Deutsche übersetzt.

2. Eigennamen: Die Märchen der Nangchenpa, tibetische Märchen generell weisen Eigennamen auf; sie gehen möglicherweise auf legendäre Persönlichkeiten zurück. Sie wurden unübersetzt belassen, außer wenn im Märchen selbst auf ihre Bedeutung eingegangen wird.

Rimpotche (›Großer Kostbarer‹) ist die Anrede für Inkarnationen und hohe Lamas.

Gebetskette: Die von den tibetischen Buddhisten benutzte Gebetskette dient zum Abzählen von Mantras, Gebeten und wiederholten rituellen Handlungen. Sie besteht aus 108 Perlen (heilige Zahl) und besitzt in der Regel zwei Zähler mit je 10 Perlen. Mit dem einen Zähler werden die Hunderter (eine Runde), mit dem anderen die Tausender (10 Runden) gezählt.

Seelenvogel (labza): la (lit: gla) meint in Märchen und Epen häufig die ›Außenseele‹ oder die ›Zweitseele‹. Sitz dieser ›Zweitseele‹ können Tier, Baum, See und anderes sein. Ein Dämon oder der Held im feindlichen Lager ist häufig nur dann zu besiegen, wenn man den Sitz seiner ›Zweitseele‹ kennt. In dem Märchen ›Die eingefangene Göttin‹ wird allerdings nur die enge psychische Beziehung, der Rapport zwischen Norsang und seinen Seelenvögeln, deutlich.

Süßwurzeln (ṭhoma) sind kleine, süßlich schmeckende Wurzeln. Getrocknet werden sie zum Verzehr aufgeweicht, und allein oder mit heißer Butter oder Yoghurt gegessen. Der Tibeter ›erntet‹ sie, indem er den Wintervorrat der Murmeltiere aushebt.

Tara (ḍölma) ist ein in Tibet sehr beliebter weiblicher Bodhisattwa. Sie hat viele Erscheinungsformen, am meisten verehrt werden die grüne und die weiße Tara.

Teigkugeln: (ṭho) Ein ausgerollter Teig aus Weizenmehl wird zu einer Kugel aufgerollt und wie die ›Momos‹, die mit Fleisch gefüllten Teigtaschen, gedämpft.

Todesdämonin (šindre): Zum Verständnis der ›Garnaufhebeprüfung‹ in der Geschichte ›Die nicht gestorbene Prinzessin‹ sei angemerkt, daß Todesdämonen und lebende Leichname (rolang) sich nicht bücken können. Ein Grund, warum die Leute von Kongpo, um keinen unliebsamen Besuch zu erhalten, ihre Haustüren sehr niedrig bauen. So erzählt man.

Torma ist ein geformter Teig aus Tsampa und Wasser und/oder Butter, oft mit weiteren Zutaten versehen. Tormas finden in vielen Formen und Größen, gefärbt und ungefärbt, verziert und unverziert in unterschiedlichen Ritualen Verwendung. Sie dienen häufig als Sitz göttlicher wie dämonischer Wesenheiten. Torma wird häufig mit ›Opferkuchen‹ übersetzt.

Tchang ist ein Getränk aus fermentiertem Getreide. In Tibet ist das hauptsächlich Gerstentchang, in Indien und Nepal ist es der Reistchang.

Tchenrezig (Avalokitéswara) gilt als Schutzpatron Tibets. Sein Mantra: ›Om mani peme hung‹.

Tchörten ist die tibetische Bezeichnung für das, was im indischen Raum Stupa genannt und unter diesem Begriff bekannter sein dürfte. Ursprünglich war der Stupa ein Reliquienschrein für den historischen Buddha und seine Jünger, später wurde er in verschiedenen Größen als Sinnbild für den Erleuchtungsweg errichtet.

Tchura: Käse, meistens als kleine getrocknete Würfel. Der Überschuß an Milch im Sommer wird zu Tchura verarbeitet. Ein Teil wird verkauft, ein Teil wird als Vorrat für den Winter behalten. Mit Tsampa ist Tchura als Wegzehrung beliebt.

Tsampa: Mehl aus gerösteten Gerstenkörnern. Es ist das Grundnahrungsmittel der Tibeter. Die Nomaden jedoch essen meist Fleisch und Milchprodukte. Tsampa wird mit Buttertee und / oder Butter verknetet gegessen.

Zum Schmuck der Frau:
Unklar ist vermutlich, was es bedeutet ›jemandem einen Bernstein aufsetzen‹. Eine Charakteristik des Kopfschmuckes der verheirateten Nangchenfrau sind drei, meist eiergroße mattgelbe Bernsteine, von denen einer in Scheitelmitte kurz hinter dem Haaransatz und zwei je rechts und links davon getragen werden. Gleich hinter den Bernsteinen wird ein oben breiter und sich dann verjüngender Lederstreifen, besetzt mit Türkisen und Korallen, getragen. Er begleitet den gesamten Haarschopf, der zu vielen vielen dünnen Zöpfen geflochten, unten mit einer Quaste zusammengehalten wird.

Bücher zu Tibet
in Diederichs Gelber Reihe: